mémoires

Fragments de ma vie

Illustration de couverture : Sarah Lazarovic
Conception graphique : Jonathan Kremer
Cartographie : Karen Van Kerkoerle

Catalogage avant publication de Bibliothèque et Archives Canada

Reinhartz, Henia, 1926-
Fragments de ma vie : mémoires / de Henia Reinhartz ;
traduit par Béatrice Catanese.
(Collection Azrieli, mémoires de survivants de l'Holocauste)
Traduction de: Bits and pieces.

Comprend des références bibliographiques et un index.
ISBN 978-1-897470-11-4

1. Reinhartz, Henia, 1926-. 2. Holocauste, 1939-1945—Pologne—Récits personnels. 3. Enfants juifs pendant l'Holocauste—Pologne—Biographies. 4. Survivants de l'Holocauste--Canada—Biographies. I. Catanese, Béatrice II. Fondation Azrieli III. York University (Toronto, Ont.). Centre for Jewish Studies IV. Titre. V. Collection.

D804.196.R4414 2007   940.53'18092   C2007-905442-0

Imprimé au Canada. Printed in Canada

La Fondation Azrieli
164 Eglinton Avenue East
Suite 503
Toronto, Ontario
Canada M4P 1G4

Centre d'études juives
Université York
241 Vanier College
4700 Keele Street
Toronto, Ontario
Canada M3J 1P3

La COLLECTION AZRIELI des mémoires de survivants de l'Holocauste

PREMIÈRE SÉRIE

Découvrez les autres ouvrages de la collection
sur le site www.azrielifoundation.org

LA COLLECTION

Le Programme de publication des mémoires de survivants de l'Holocauste a été mis en œuvre par la Fondation Azrieli et le Centre d'études juives de l'Université York afin de préserver et de diffuser les mémoires écrits par les personnes ayant survécu au génocide des Juifs d'Europe par les nazis et ayant par la suite émigré au Canada. Les instigateurs de ce programme estiment que tout survivant de l'Holocauste possède une expérience remarquable à raconter et ont la conviction que chacune de ces histoires offre une opportunité pédagogique qui mène les lecteurs vers une meilleure compréhension de l'histoire, une plus grande tolérance et un plus grand respect de la diversité.

Des millions d'histoires individuelles ne seront jamais dites. Les Juifs d'Europe assassinés n'ont pas laissé de témoignages de leurs derniers jours. En préservant ces récits et en les diffusant à un large public, le Programme s'évertue à conserver la mémoire de ceux qui ont péri sous les assauts d'une haine encouragée par l'indifférence et l'apathie générale. Les témoignages personnels de ceux qui ont survécu dans les circonstances les plus improbables sont aussi différents que ceux qui les ont écrits, mais tous démontrent la somme de courage, d'endurance, d'intuition et de chance qu'il a fallu pour faire face et survivre dans cette terrible adversité. Plus de soixante ans plus tard, la diversité de ces expériences permet au lecteur de mettre des visages sur ces événements et ce monde disparu, et d'appréhender l'énormité de ce qui est arrivé à six millions de Juifs à l'aide d'un échantillon de parcours individuels. Ces mémoires sont aussi un hommage aux personnes, amies ou inconnues, qui ont risqué leur vie pour porter assistance à d'autres et qui, par leur bienveillance et leur dignité dans les moments les plus sombres, ont souvent aidé les personnes persécutées à conserver leur foi dans l'humanité et le courage de lutter. Le récit de ce qui a amené ces survivants à venir au Canada après la guerre pour construire une nouvelle vie est souvent remarquable. Le désir qui les pousse à exposer leur expérience de sorte que les jeunes générations puissent en tirer des leçons de vie est tout aussi exemplaire.

Le programme recueille, archive et publie ces écrits historiques de concitoyens canadiens et les rend accessibles gratuitement aux biliothèques canadiennes, aux organisations œuvrant pour la mémoire de l'Holocauste, ainsi qu'au grand public grâce à la mise à disposition gratuite des textes sur le site Web de la Fondation Azrieli. Les originaux des manuscrits reçus sont conservés aux Archives et collections spéciales Clara Thomas de l'Université York. Ils sont disponibles pour consultation aux chercheurs et éducateurs intéressés. Les mémoires sont publiés au sein de la Collection Azrieli des mémoires de survivants de l'Holocauste.

Le Programme de publication de mémoires de survivants de l'Holocauste, la Fondation Azrieli et le Centre d'études juives de l'Université York sont reconnaissants aux nombreuses personnes ayant contribué à la réalisation de cette collection d'ouvrages. Nous remercions tout spécialement Jody Spiegel, coordinatrice exécutive de la Fondation Azrieli. Pour leur contribution aux vérifications historiques, aux corrections et aux relectures des manuscrits, le programme remercie Todd Biderman, Helen Binik, Tali Boritz, Mark Celinscak, Mark Clamen, Jordana DeBloeme, Andrea Geddes-Poole, Valerie Hébert, Joe Hodes, Tomaz Jardim, Irena Kohn, Elizabeth Lasserre, Tatjana Lichtenstein, Carson Philips, Randall Schnoor, Tatyana Shestakov et Mia Spiro. Pour leur aide et leur soutien aux différentes étapes de la réalisation, le Programme témoigne de sa gratitude à Susan Alper, Mary Arvanitakis, Mahtab Azizsoltani, Howard Aster, Miriam Beckerman, Josée Bégaud, François Blanc, Florence Buathier, Sheila Fischman, Esther Goldberg, Ariel Pulver, Michael Quddus, Henia Reinhartz, Nochem Reinhartz et Don Winkler.

Fragments de ma vie

...et la terre nous entendront
Notre témoin – l'étoile claire
Un serment, un serment de sang et de larme
Nous jurons ! Nous jurons ! Nous jurons !

Nous jurons de lutter pour la liberté et nos d...
...ontre tous les tyrans et leurs laquais
...rons de vaincre les forces obscures
...tomber en héros... la bataille
...le serment, un ser... à la vie et à la m...

Nous jurons fidé... sans bornes au Bund
Lui seul peut maintenant libérer les esclaves
Son drapeau rouge est largement déployé
Nous jurons fidélité, à la vie et à la mort
Faisons le serment, un serment à la vie et à la mort !

Le ciel et la terre...

Voici quelques fragments de ma vie. Ils sont pour vous, mes petits-enfants adorés : Miriam-Simma, Mordkhele Avraham, Benjamin Abrasha, Shoshana Bryna, Leah Avrial et Simkha Ephraim Shimshon. Peut-être que quand vous lirez ces lignes, vous serez déjà grands, mais pour moi vous resterez toujours mes petits-enfants adorés. Chacun de vous, mes magnifiques petits-enfants, est mon miracle et chacun de vous a rempli ma vie de richesses que je chéris.

J'ai décidé de mettre par écrit ces fragments de vie pour vous, parce qu'Ima et Papa connaissent déjà la majorité de ces épisodes, et parce que j'aimerais que vous sachiez aussi d'où je viens, qui étaient mes parents et à quoi ressemblait l'univers de mon enfance. Je sais que vous devez avoir du mal à imaginer votre baba petite : en train de se battre avec sa sœur, de se faire gronder par sa mère ou son père quand elle n'était pas sage, ou de pleurer à chaudes larmes parce que sa meilleure amie ne voulait plus jouer avec elle.

Je n'ai aucune photo de mon enfance à vous montrer pour vous aider à me situer dans les histoires que je veux vous raconter. Vous devrez donc faire appel à votre imagination, et je vous y aiderai.

—H.R.

mémoires

Fragments de ma vie

Henia Reinhartz

Traduction de Béatrice Catanese

*Mes plus sincères remerciements
vont à mon petit-fils Mordechai Walfish
pour sa relecture attentive du manuscrit.*

TABLE DES MATIÈRES

Ma famille et moi nous cachions. L'entrée de notre cachette
était une armoire en bois positionnée contre une cloison en
contreplaqué… De l'aube au coucher du soleil, nous restions
assis dans cette petite pièce sans parler… Nous étions muets,
un silence de mort régnait dans notre chambre… Nous
étions sûrs qu'ils allaient nous trouver… Soudain j'ai
entendu quelqu'un haleter dans les escaliers… Nous avons
arrêté de parler et de respirer. Qui venait à cette heure-ci ?

Avec sa chevelure de feu, l'adolescente Henele Rosenfarb vit cachée
dans une petite pièce au sein du Ghetto de Lodz, en Pologne. Avec
elle se trouvent ses parents, sa sœur et quelques voisins qui les ont
rejoints dans leur chambre secrète. Vingt personnes en tout, qui
essaient d'étouffer tous les bruits du quotidien, espérant ainsi tromper
la vigilance des nazis qui les cherchent pour les emmener vers un lieu
inconnu où ils seront assassinés.

Plus d'un demi-siècle plus tard, par-delà un vaste océan, Henele
— qui s'appelle maintenant Henia Reinhartz — s'assied dans son
appartement de Toronto. Elle commence à écrire les histoires qui
forment les « fragments de sa vie », afin que ses petits-enfants
canadiens se fassent une idée de l'enfance et de l'adolescence
qu'elle a vécues, dans un autre pays et à une autre époque, et qui
furent si différentes des leurs.

Les histoires de la Pologne d'avant-guerre de Henia Reinhartz
nous plongent dans un monde d'une grande pauvreté matérielle,
mais riche de chaleur familiale, d'esprit de communauté, de

passion pour la culture et de dévotion pour la justice sociale. Elles nous mènent à travers les horreurs de la Seconde Guerre mondiale et de l'Holocauste nazi vues à travers les yeux d'une jeune fille. Elles nous entraînent ensuite vers le Montréal de la fin des années 1940 tel que vécu par une jeune immigrante, et enfin vers Toronto.

Née en 1926 à Lodz, en Pologne, une ville industrielle située à 120 km au sud-ouest de Varsovie, Henele a grandi dans une famille étendue et unie, ce qui était la norme dans les familles juives de la Pologne du début du vingtième siècle. La présence des Juifs en Pologne remontait alors à près de mille ans et le pays possédait l'une des plus importantes communautés juives du monde.

La vie des Juifs de Pologne était pleine de contradictions. Leur religion et leur culture y prospéraient depuis des siècles. Étant entrés en Pologne initialement en tant que marchands ambulants et commerçants, les Juifs s'y étaient peu à peu établis pour fuir les brutalités de l'Empire allemand et d'autres régions voisines. À l'inverse de l'expérience vécue par les autres Juifs d'Europe et de Russie, les Juifs de Pologne vivaient en harmonie relative avec leurs voisins. D'ailleurs, Rabbi Moses Isserles, un célèbre rabbin basé à Cracovie au seizième siècle, avait noté que le nom hébreu de la Pologne, *Polin*, suggérait que Dieu avait guidé les Juifs d'Europe vers cette région en leur disant « *Poh lin* » — « Installez-vous ici » en hébreu. Au cours des siècles, d'importantes écoles rabbiniques et des mouvements politiques et religieux prestigieux s'y étaient développés. Les Juifs polonais avaient créé leurs propres traditions musicales, leur littérature, leur théâtre et leur cinéma en yiddish, la langue commune aux Juifs d'Europe. Mais d'un autre côté, les Juifs de Pologne subissaient de nombreuses vexations et parfois même des attaques violentes — les pogroms — de la part de leurs voisins polonais non Juifs. Les Juifs étaient tolérés parce qu'en tant que commerçants, négociants et financiers, ils apportaient une contribution évidente à l'économie du pays, et cependant une vieille hostilité à leur égard perdurait et dégénérait çà et là en violence. À l'issue de la Première Guerre mondiale, le nationalisme polonais s'est développé et le pays est devenu moins complaisant vis à vis de ses minorités ethniques, malgré les clauses dans la constitution polonaise garantissant les droits des minorités. Dans l'entre-deux-guerres, la condition économique des Juifs de Pologne s'est fortement dégradée. Alors que l'accès aux postes de fonctionnaires leur était quasiment interdit à une époque où l'État était un des principaux employeurs, les Juifs ont aussi dû faire face à une préférence à l'embauche de polonais non Juifs dans les postes qu'ils occupaient traditionnellement.

À l'époque de l'enfance de Henia Reinhartz, la population juive de Pologne était fortement urbanisée. Alors que certains Juifs résidaient encore dans les petites villes, qu'on appelait des shtetls, la majorité s'était déplacée vers les grandes villes en plein essor, en partie à cause de réglementations d'État sur l'emploi et la résidence. De nombreux Juifs polonais étaient très zélés dans leur pratique religieuse. Mais c'est l'ensemble des Juifs qui était grandement affecté par le processus de modernisation qui ébranlait l'Europe d'ouest en est. Beaucoup cherchaient à concilier leurs traditions et une éducation laïque ; d'autres commençaient à délaisser la pratique religieuse et tentaient de trouver une définition civique de leur appartenance à la communauté juive. Certains d'entre eux, comme les parents de Henia Reinhartz, fondaient leur identité sur la langue yiddish et l'appartenance à des mouvements politiques tels que le Bund.

Le Bund (un diminutif de *Algemeyner Yidisher Arbeter Bund in Lite, Poyln un Rusland* — Alliance des travailleurs juifs de Lituanie, Pologne et Russie) était un mouvement socialiste juif défendant la justice sociale, les revendications ouvrières en général, et en particulier celles des classes ouvrières juives — parmi lesquelles le droit d'observer les fêtes juives. Le Bund proposait une définition civique de l'identité juive s'appuyant sur l'expérience et la culture propres aux Juifs d'Europe orientale. Les parents de Henia Reinhartz croyaient passionnément aux idéaux du Bund, qui leur donnaient le sentiment d'avoir une mission morale et leur fournissait un solide réseau d'amitiés. D'autres proches de la famille Reinhartz, tels la Tziotzia (Tante) Adele, le Feter (Oncle) Yankl et la cousine Chava, conservaient une attitude profondément religieuse qui était la base de leur identité juive. D'autres encore adhéraient au sionisme, un mouvement qui, pour mettre fin aux persécutions des Juifs d'Europe, préconisait leur émigration vers leur terre ancestrale — la région qui forme aujourd'hui l'état d'Israël, mais qui dans la jeunesse de Henia était sous tutelle britannique. Les sionistes prédisaient que le destin des Juifs serait lié aux aléas des évolutions politiques des pays où ils étaient minoritaires, et ceci aussi longtemps qu'ils n'auraient pas leur propre pays, à l'instar des autres nations. Contrairement au Bund, les sionistes plaçaient l'hébreu — la langue de la bible, des prières juives et des textes sacrés — plutôt que le yiddish, au centre de l'identité juive. D'autres Juifs polonais, enfin, pour étudier ou faire carrière, délaissaient l'hébreu et le yiddish et s'assimilaient à la société polonaise.

La diversité des pratiques religieuses et des opinions politiques caractérisant la famille et les amis de Henia Reinhartz était typique des Juifs polonais de l'époque. En dépit de divergences profondes en matière de croyances et d'idéologie, la famille — comme tant d'autres familles juives — restait très soudée, célébrait ensemble les réjouissances et se soutenait mutuellement. Henia Reinhartz se souvient distinctement des préparatifs intenses du mariage de sa cousine Chava, quand sa mère et ses tantes passaient plusieurs journées à cuisiner le repas de noces.

Comme pour les autres enfants de son âge, les journées de

Henia Reinhartz se passaient entre l'école et les amis et étaient rythmées par l'appartenance de la famille au Bund. Elle allait à l'école du Bund, où la langue d'enseignement était le yiddish, et pratiquait la gymnastique dans un gymnase appartenant au Bund.

Pour Henia, cette vie s'est brutalement arrêtée lors de l'invasion allemande du 1er septembre 1939. À la veille de l'invasion allemande de la Pologne, la population juive du pays comptait 3 300 000 personnes, soit le dixième de la population totale. À la fin de la guerre, seuls 10% de ces Juifs étaient encore en vie. La communauté juive de Lodz était la plus importante de Pologne après celle de Varsovie, et représentait un tiers de la population de la ville. Une semaine après l'invasion de la Pologne, l'Allemagne a pris le contrôle de Lodz et l'a rebaptisée Litzmannstadt. Comme dans tous les territoires sous contrôle direct allemand, des conséquences dramatiques s'en sont rapidement suivies pour les Juifs. Ils ont dû coudre des étoiles jaunes à six branches sur leurs vêtements, ce qui les identifiait immédiatement comme Juifs. Les biens Juifs ont été confisqués, leurs comptes bancaires gelés, et de nombreux Juifs se sont vu interdire d'exercer leur métier. Les habitants de Pologne, dans leur ensemble, ont souffert économiquement sous l'occupation allemande, mais les restrictions à l'égard des Juifs étaient les plus dures. Il leur est devenu pratiquement impossible de gagner suffisamment d'argent pour nourrir une famille, ce qui a provoqué une misère terrible dans des familles telles que celle de Henia Reinhartz, qui était déjà défavorisée auparavant.

En février 1940, soit six mois après l'invasion de la Pologne, les Allemands ont établi au nord-est de Lodz un ghetto, c'est à dire un secteur strictement réservé aux Juifs, qui n'avaient dès lors plus le droit de vivre ailleurs dans la ville. À travers la Pologne, ces déplacements forcés ont concentré la population juive dans des zones réduites et clôturées qui avaient pour but de les loger temporairement avant une déportation vers des camps de travail ou d'extermination. La famille de Henia Reinhartz a donc dû quitter maison et biens pour s'installer dans un secteur délabré de la ville sans logement adéquat ni système d'égouts. Environ 160 000 personnes se sont retrouvées concentrées dans un endroit bien trop restreint pour tous les loger. Les nazis espéraient que ces conditions désastreuses, la mauvaise nourriture et le manque d'hygiène démoraliseraient les Juifs rapidement et les emporteraient en grand nombre. La capacité de résistance physique, psychologique et spirituelle des Juifs a surpris les Allemands.

De tous les ghettos établis par les nazis, celui de Lodz était le plus coupé du monde extérieur. Au lieu de travailler tels des esclaves à l'extérieur du Ghetto, les habitants s'épuisaient au travail dans des usines intra-muros. Le Ghetto de Lodz éditait son propre journal — *la Chronique* — mais aucune publication extérieure n'y était admise. Les radios étaient confisquées et le fait d'en posséder une était puni de mort. Il était interdit de tenir un journal, mais de nombreux habitants de ghettos, à Lodz comme ailleurs, ont choisi de documenter leur expérience au quotidien. Les récits d'anciens habitants des ghettos tel celui de Henia Reinhartz, les éditions de *la Chronique* qui nous sont parvenues, ainsi que les manuscrits retrouvés de résidents du Ghetto de Lodz — dont la plupart ont péri lors du génocide nazi — nous montrent que les gens des ghettos se sont battus vigoureusement pour surmonter l'entreprise de déshumanisation et de démoralisation qui s'élevait contre eux. Des écoles illégales se sont créées ainsi que des théâtres, des cabarets, des cafés littéraires, des synagogues et d'autres symboles de la vie culturelle et religieuse. Bien que les livres juifs aient été confisqués et détruits, les parents de Henia ont tenu une bibliothèque yiddish clandestine au péril de leur vie. Le Bund a continué ses activités au sein du Ghetto, fournissant une structure sociale, des écoles et d'autres types de soutien. De telles formes de résistance spirituelle ont considérablement renforcé la détermination des Juifs du Ghetto, alors même que le harcèlement des nazis ne faiblissait jamais.

L'administration allemande du Ghetto a désigné Chaim Rumkowski, un Juif de Lodz, comme « Doyen » du Ghetto, c'est-à-dire le dirigeant ayant la charge de l'administration quotidienne des affaires. Le *Judenrat*, ou conseil juif, et la police juive étaient sous ses ordres et lui seul répondait aux autorités allemandes. Rumkowski agissait selon des directives très strictes de l'administration allemande, n'ayant aucune latitude pour prendre des décisions qui pourraient changer la destinée des Juifs du Ghetto. La stratégie de Rumkowski était de faire en sorte que le Ghetto de Lodz devienne un maillon indispensable de l'économie allemande. Son raisonnement était le suivant : si les usines du Ghetto sont gérées efficacement et possèdent une bonne productivité, les Juifs qui y travaillent auront la vie sauve indéfiniment. « Le modèle est 'Travaillez, travaillez, et travaillez encore !' », a-t-il annoncé dans un discours. « Je parviendrai à démontrer, sur la base de statistiques irréfutables, que les Juifs du Ghetto sont des acteurs économiques productifs. »[1] À cette fin, Rumkowski a accepté les exigences allemandes selon lesquelles toutes les personnes inaptes au travail — les malades, les personnes âgées et les plus faibles — devaient être arrêtées et expulsées du Ghetto, ce qui signifiait, comme beaucoup le suspectaient à juste titre, une mort certaine.

Mais les Allemands trompaient délibérément les habitants du Ghetto — une tromperie rendue aisée par l'isolation totale du Ghetto de Lodz, qui laissait planer un doute sur l'existence des camps de la mort. De fait, alors que des groupes de Juifs étaient emmenés vers le camp d'extermination de Chelmno, à 60 km de

---

1. Cité dans *The Chronicle of the Lodz Ghetto 1941-1944*, p. 115

Lodz, on les forçait à écrire des cartes postales à leurs proches vantant les charmes de leur nouvelle « demeure ». Ces cartes postales, envoyées plusieurs semaines ou plusieurs mois après le meurtre de leurs auteurs, entretenaient la confusion sur ce qui attendait ceux qui devaient quitter le Ghetto. La place de Rumkowski dans l'histoire est controversée à cause de sa collaboration avec les autorités allemandes, notamment en matière d'arrestations menant à la déportation de résidents. A *posteriori*, il semble clair que sa stratégie de préservation du Ghetto n'avait aucune chance de succès. Comme tous les Juifs soumis à l'administration allemande, les Juifs du Ghetto de Lodz ont vécu avec une sentence de mort inéluctable. Il faut cependant remarquer que le Ghetto de Lodz s'est maintenu plus longtemps que tous les autres, puisqu'il n'a été détruit qu'en août 1944.

Henia Reinhartz a été déportée à Auschwitz avec les derniers résidents du Ghetto de Lodz, en même temps que ses parents et que sa sœur aînée Chava. De là, les trois femmes Rosenfarb, séparées du père de Henia, ont été emmenées vers un camp de travail à Sasel, près de Hambourg. En mars 1945, elles ont été transférées de force à Bergen-Belsen, où elles ont été libérées par les troupes britanniques.

Malgré une souffrance indescriptible et des pertes terribles, Henia Reinhaltz a eu la chance de rester avec sa mère et sa sœur tout au long des années de guerre. De nombreux mémoires de femmes ayant survécu à l'Holocauste mentionnent l'importance de la présence de leurs sœurs et, plus spécialement encore, de leur mère. Henia Reinhartz parle à de nombreuses reprises des soins prodigués par sa mère et du lien très fort qui l'unissait à sa sœur. Leur force intérieure et leur soutien mutuel les ont aidées à survivre, à la fois physiquement et spirituellement. Elles sont restées très liées toute leur vie, même après avoir fondé leurs propres familles à Montréal et Toronto. Alors même qu'elles ont bâti une nouvelle vie dans un nouveau monde, elles conservent ce qui leur était le plus cher dans les années d'avant-guerre. Henia Reinhartz se lie d'amitié avec d'autres anciens du Bund, continue son combat pour la justice sociale et maintient un amour profond de la langue et de la culture yiddish. Sa sœur Chava Rosenfarb écrit des poésies, des pièces et des romans en yiddish, en particulier sa célèbre trilogie sur le Ghetto de Lodz, *Der Boym fun lebn [L'arbre de vie]*.

À deux reprises dans ses mémoires, Henia Reinhartz mentionne les photos de Pologne qui ornent sa maison de Toronto. L'une est celle de sa famille immédiate — ses parents et leurs deux filles ; l'autre est celle de sa Tziotzia Adele, de son Feter Yankl et de leurs cinq enfants. Pour les survivants du génocide nazi, de telles photos sont de vrais trésors. La plupart des Juifs de Pologne ont tout perdu. Les rares Juifs polonais ayant survécu à l'Holocauste n'ont pu conserver les souvenirs, bibelots et mémentos qui auraient fait le lien avec leur passé. Les Rozenfarb ont aussi perdu toutes leurs photos, mais par chance, des cousins qui avaient émigré en Argentine en avaient des copies. Ces quelques photos de famille sont donc précieuses à un point qu'il nous est difficile d'imaginer à l'heure des appareils photos jetables et de la photographie numérique.

Henia Reinhartz a réussi à peindre des tableaux à l'aide du langage, en nous donnant une image forte du passé et de sa place dans le présent. En nous relatant le passé, les mémoires de Henia Reinhartz sont remarquablement dénuées d'amertume et de colère. Tout au long du récit, elle insiste sur l'humanité des gens. Elle ne se contente pas de refuser sa propre déshumanisation, mais elle se remémore les actes de bienveillance venus d'où on ne les attendait pas, comme ceux de Herr Herbert, un garde allemand d'un camp de travail. Pendant que Henia endurait la vie du Ghetto et des camps, elle s'est fait deux promesses : qu'un jour elle enseignerait le yiddish et qu'un jour elle habiterait Paris. Sans qu'elle ne l'explicite, on se rend compte que ces deux promesses portent une valeur symbolique immense : l'investissement dans l'avenir et dans la liberté ; la possibilité d'accéder à nouveau aux plaisirs de l'existence. Peut-être parce qu'ils ont été écrits pour ses petits-enfants, les mémoires de Henia Reinhartz cristallisent ces moments et nous enseignent que les valeurs morales et l'amour de ses proches parviennent parfois à surmonter les forces qui voudraient les éliminer à tout prix. C'est en cela que l'on peut situer ces mémoires dans la tradition juive du testament moral, un précieux héritage pour les générations à venir.

Sara R. Horowitz
Août 2007
Toronto

Sources

Adelson, Alan et Robert Lapides. *Lodz Ghetto: Inside a Community under Siege*. New York : Viking Penguin, 1989.

Dawidowicz, Lucy. *The War Against the Jews, 1933–1945*. New York : Bantam Books, 1986.

Dobroszycki, Lucjan, dir. *The Chronicle of the Lodz Ghetto 1941–1944*. New Haven : Yale University Press, 1944.

Horowitz, Sara R. « Voices from the Killing Ground ». In *Voicing the Void: Muteness and Memory in Holocaust Fiction*. New York : State University of New York Press, 1997.

Horowitz, Sara R. « Engendering Trauma Memory ». In *Women in the Holocaust*, dir. Dalia Ofer et Lenore Weitzman, New Haven : Yale University Press, 1998.

Mendelsohn, Ezra. « Jewish Politics in Interwar Poland: An Overview ». In *The Jews of Poland Between Two World Wars*, dir. Yisrael Gutman. London : University Press of New England, 1989.

Mendelsohn, Ezra et Isaiah Trunk. « Poland ». In *Encyclopaedia Judaica*, 2nd Edition, vol. 16, dir. Fred Skolnik. New York : MacMillan, 2006.

Rosenfarb, Chava. *The Tree of Life [vol. 1]*. Madison : University of Wisconsin Press, 2004.

Rosenfarb, Chava. *The Tree of Life: A Trilogy of Life in the Lodz Ghetto: Book Two: From the Depths I Call You, 1940–1942*. Madison : University of Wisconsin Press, 2005.

Rosenfarb, Chava. *The Tree of Life: A Trilogy of Life in the Lodz Ghetto: Book Three: The Cattle Cars Are Waiting, 1942–1944*. Madison : University of Wisconsin Press, 2006.

GÉNÉALOGIE

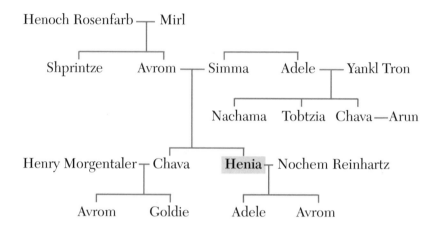

grand-père paternel . . . . Henoch Rosenfarb
grand-mère paternelle . . . . Mirl Rosenfarb
mère . . . . Simma Rosenfarb
père . . . . Avrom Rosenfarb
sœur . . . . Chava Rosenfarb
beau-frère (mari de Chava) . . . . Henry Morgentaler
nièce (fille de Chava) . . . . Goldie Morgentaler
neveu (fils de Chava) . . . . Avrom « Bamie » Morgentaler
tante (sœur du père) . . . . Shprintze Rosenfarb
tante (sœur de la mère) . . . . Adele Tron
oncle (mari d'Adele) . . . . Yankl Tron
cousine (fille d'Adele et Yankl) . . . . Nachama Tron
cousine (fille d'Adele et Yankl) . . . . Tobtzia Tron
cousine (fille d'Adele et Yankl) . . . . Chava Tron
cousin (mari de la cousine Chava) . . . . . Arun
mari . . . . Nochem Reinhartz
fille . . . . Adele Reinhartz
fils . . . . Avrom « Bamie » Reinhartz

mémoires

Fragments de ma vie

Traduction de Béatrice Catanese

J'AI HÉRITÉ MES CHEVEUX ROUX DE MA
MÈRE. Je me souviens que je lui en voulais parce que les cheveux
roux n'étaient pas regardés d'un très bon œil dans la Pologne de mon
enfance. Je n'aimais pas non plus mon prénom, Henia. Parfois, les
enfants préfèrent la sonorité du prénom de quelqu'un d'autre. Pour
ma part, je suis tombée amoureuse du prénom Regina. Mais bien
sûr, je devais garder le mien et c'était tout. Je tiens mon prénom de
mon grand-père paternel Henoch. Je pense que mes parents
espéraient avoir un garçon ; au lieu de cela, ma mère a accouché
d'une étrange créature aux cheveux roux qui s'est avérée être une
fille. Mes parents ont donc transformé le prénom Henoch en Henia
ou, pour les intimes, « Henele ». Je ne pense pas pour autant que
mes parents étaient déçus que je ne sois pas un garçon. Ils m'aimaient
comme j'étais. Avec le temps, j'ai aussi appris à aimer mon prénom.

Nous avons tous des souvenirs qui remontent à notre petite
enfance. Mes premiers souvenirs concernent ma mère et mon
père. Ma mère s'appelait Simma Rosenfarb. Elle n'était pas grande
et ses cheveux étaient roux. Je me souviens d'une boîte qui
contenait une mèche de ses cheveux, et la couleur était identique à

la mienne quand j'étais jeune : un roux très prononcé. Elle avait des yeux vert-noisette et des pommettes saillantes. Avec son teint clair, on ne la prenait pas pour une femme juive et par conséquent elle n'était pas sujette aux vexations dont tant de juifs étaient victimes. Son visage dégageait sagesse et beauté intérieure. J'adorais la regarder. Dans ses yeux, il y avait toujours de l'amour pour moi et pour tout ce qui faisait partie de moi. Elle est toujours présente dans mes souvenirs d'enfance. Je la revois comme une femme très sage. Les gens aimaient l'avoir comme amie et lui demandaient conseil. Et comme elle était presque toujours avec nous pendant que mon père travaillait, c'était elle qui se chargeait de la discipline dans la famille.

Ma mère était experte en reprisage de tissus. Mais je ne l'ai vue travailler qu'une fois. Je devais avoir six ou sept ans. Un soir, en rentrant de l'école, j'ai trouvé mon père assis sur le canapé, la tête entre les mains, incapable de lever les yeux pour me saluer. Notre grande table avait été déplacée près de la fenêtre et ma mère était penchée sur un grand rouleau de tissu, en train de raccommoder des imperfections à l'aide d'une aiguille spéciale. Je me souviens que l'un d'eux m'a dit que mon père avait perdu son travail et je revois la tristesse sur son visage et le calme absolu qui régnait dans la pièce. J'en étais pétrifiée. C'est mon seul souvenir de ma mère en train de travailler. Mon père a probablement retrouvé du travail rapidement et ma mère a recommencé à s'occuper de ses deux filles et du foyer. Elle était assez stricte avec nous, mais très affectueuse. Avec le recul, je pense qu'elle savait exactement comment elle voulait élever ses enfants, quelles valeurs elle voulait nous inculquer et quel genre de personnes elle voulait que nous devenions. Je me souviens aussi d'elle comme d'une personne dotée d'une grande force de caractère et d'une grande fierté. C'est au cours des années d'épreuves terribles et de douleur immense — les années de guerre — que j'en ai pleinement pris conscience.

Quand j'étais petite, je pensais toujours que rien ne pourrait m'arriver tant que ma mère était là. Bien des années plus tard, quand je suis moi-même devenue mère, elle est devenue plus que ma mère : une amie précieuse. À sa mort en 1959, je me suis sentie orpheline, non seulement parce que j'avais perdu ma mère, mais aussi parce que j'avais perdu quelqu'un qui me portait un amour inconditionnel. Après la guerre, j'ai toujours eu conscience du bonheur et de l'incroyable chance que j'avais eus de l'avoir à mes côtés. C'est aussi à ce moment-là que j'ai vraiment compris à quel point sa présence à mes côtés pendant la guerre m'avait aidée à survivre. Après la guerre, quand je vivais à Paris, ma mère est venue de Bruxelles pour vivre avec moi. Cela était pour moi une occasion rêvée d'apprendre à la connaître non seulement en tant que mère, mais aussi en tant que femme. J'avais tant de questions à lui poser sur son enfance, sur elle et sur mon père, sur les amis qu'ils fréquentaient quand j'étais petite. Elle aimait partager ses souvenirs avec moi et répondait patiemment à mes millions de questions. C'est alors que nous sommes aussi devenues de grandes amies.

Tous ceux qui la connaissaient l'adoraient. Peu de mères juives ayant survécu à l'Holocauste, elle avait repris contact avec tous nos amis pour les prendre sous son aile tendre et maternelle. Rapidement, tout le monde lui avait donné le surnom affectueux de *Mameshi*, et c'est encore comme ça que nos amis l'appellent aujourd'hui.

Quand je repense à mon père, Avrom Rosenfarb, je suis nostalgique de notre complicité. Je n'ai que des souvenirs d'enfance et de guerre avec lui. Il n'est pas rentré après la guerre et je n'ai pas pu lui poser les millions de questions que j'ai posées à ma mère. Je n'ai donc pas eu l'occasion de forger une amitié avec lui au-delà de notre relation père-fille. Mais les souvenirs que j'ai de lui sont remplis d'amour et de tendresse.

Quand mes enfants étaient petits et que nous vivions sur Glenholme Avenue à Toronto, il y avait sur notre téléviseur, dans le salon, une photo représentant mes parents, ma sœur Chava âgée de quatre ans et moi-même, âgée de quelques mois seulement (voir p. 62). C'est la seule photo que j'ai de mon père. Lorsque ma fille Adele était très jeune, elle m'a demandé qui étaient les gens sur la photo. Je lui ai expliqué que la femme était sa *baba* Simma, sa grand-mère maternelle, qui était alors une jeune mère, accompagnée de sa tante Chava qui était alors une petite fille et de moi, sa mère, qui n'étais encore qu'un bébé. « Mais qui est cet homme ? » m'a demandé ma fille. Je lui ai expliqué qu'il s'agissait de mon père, son *zeydè*, ou grand-père. Elle arrivait à situer tous les autres. Elle savait que sa *baba* et que sa tante Chava vivaient à Montréal, et que je vivais avec elle ici, à Toronto. Mais où était donc cet homme qui était mon *tatè* et son *zeydè* ? Je pense qu'Adele avait deux ans à l'époque. Je ne pouvais pas lui révéler que son *zeydè* n'avait pas survécu à l'Holocauste. Je lui ai donc dit qu'il habitait très loin et qu'il ne pouvait pas venir nous voir. Ma fille m'a ensuite demandé : « Il n'a pas envie de savoir à quoi je ressemble ? »

– Si, ai-je répondu. Il en a très envie. Mais il ne peut vraiment pas venir pour l'instant.

Ma sœur Chava[1] et moi avons toutes les deux appelé notre premier fils Avrom, ou « Bamie » en diminutif, comme notre père. Mon fils Bamie me rappelle mon père, bien qu'il soit plus grand. Ils

---

1 Chava Rosenfarb est une auteure de romans et d'essais en langue yiddish. Son œuvre la plus connue est la trilogie sur le Ghetto de Lodz, *Der boym fun lebn [L'arbre de vie]*. L'ouvrage a été publié en anglais sous le titre *The Tree of Life: A novel about life in the Lodz Ghetto*. Melbourne : Scribe, 1985. Il a été réédité en trois volumes par University of Wisconsin Press sous le titre : *The Tree of Life [vol. 1]*, 2004 ; *The Tree of Life: A Trilogy of Life in the Lodz Ghetto: Book Two: From the Depths I Call You, 1940-1942*, 2005 ; et *The Tree of Life: A Trilogy of Life in the Lodz Ghetto: Book Three: The Cattle Cars Are Waiting, 1942-1944*, 2006.

ont un peu le même visage, mais aussi la même personnalité. Ma sœur Chava me dit toujours qu'elle voit aussi cette ressemblance chez son fils. Je me souviens surtout des mains de mon père : de belles mains longues et blanches. Je me rappelle aussi qu'il s'habillait avec une grande élégance. Je crois que c'est de lui que je tiens mon penchant pour les beaux vêtements.

Il exprimait son amour pour ses trois femmes, comme il aimait à nous appeler, de nombreuses manières. Il aimait nous embrasser et nous serrer dans ses bras, porter ses filles sur son dos après un bon bain, venir nous servir le petit-déjeuner au lit le samedi matin ou nous surprendre avec de petits cadeaux. Il souhaitait avant tout que nous nous instruisions pour pouvoir aller loin dans nos études et devenir ce qu'il n'avait pu devenir : cultivé et indépendant. Je me souviens surtout de sa gentillesse, de sa bonté et de son amour pour les gens. Je pense que c'était un poète dans le fond ; mais il n'a jamais eu l'occasion d'exprimer par des mots la musique de son cœur. Chava a hérité de ses talents de poète et elle est devenue un grand écrivain yiddish. C'est aussi à lui que je dois mon amour pour les mots et la facilité que j'ai à les manier.

Mon père était serveur. Je n'ai jamais eu l'occasion de lui demander pourquoi il avait choisi cette profession. Je pense qu'il aimait les gens, tout simplement. Il aimait se trouver mêlé à une conversion ou un échange d'idées et en tant que serveur, il avait cette possibilité. Je me souviens du dernier endroit où il a travaillé. C'était un restaurant très élégant de la rue Piotrkowska, la rue principale de ma ville natale, Lodz.[2] Le restaurant comptait parmi ses clients réguliers des écrivains yiddish, et mon père était content de pouvoir les servir tout en écoutant leurs conversations sur les livres et l'écriture. Il était très heureux d'être en leur compagnie. Mon père adorait lire. Je me souviens que parfois, quand je me

---

2 Lodz s'orthographie à l'origine Łódź en polonais. Voir le glossaire.

réveillais au milieu de la nuit, je le trouvais en train de lire dans son lit, à la lueur de la bougie. Nous n'avions pas de lampe de chevet et il ne voulait pas allumer la lumière principale pour ne pas nous réveiller. Je me rappelle aussi que parfois, la nuit, ma mère regardait par la fenêtre avec inquiétude. Mon père travaillait très tard le soir. Certains clients aimaient rester assis à leur table des heures durant pour discuter et passer un bon moment. Il allait aussi souvent à des réunions syndicales après le travail et rentrait alors plus tard que d'habitude. Ma mère s'inquiétait. Rares étaient les foyers équipés d'un téléphone à l'époque en Pologne, si bien qu'il ne pouvait pas la prévenir.

Parfois, mes amis et moi passions au restaurant après l'école. Si mon père n'était pas occupé, il nous installait à une table, nous demandait de choisir quelque chose à manger et nous servait avec élégance et grâce. À ce moment-là, nous étions ses clients les plus précieux. Il m'a toujours présentée aux personnes qu'il connaissait au restaurant. « Voici ma fille cadette, Henele, et voici ses amis. » Je me sentais très importante et j'adorais ça, et mes amis étaient terriblement impressionnés. Après tout, ce n'était pas tous les jours qu'ils pouvaient manger dans un restaurant aussi élégant et être servis comme des rois par le père d'une amie.

Mes parents venaient de la même petite ville polonaise, Konskie, mais ils sont tous deux partis pour la grande ville dans leur jeunesse. Ils se sont rencontrés et mariés à Lodz. Lodz était et reste encore la deuxième plus grande ville de Pologne. Cette ville industrielle était connue pour être grise et surpeuplée. Mais c'était ma ville natale et à mes yeux, elle était belle. Mes parents venaient tous les deux d'une famille très pauvre et ils voulaient rompre avec la pauvreté qui touchait tant de familles juives dans les petites villes. Ils pensaient que dans une grande ville, ils s'en sortiraient mieux. À l'époque, beaucoup de jeunes étaient attirés par la grande ville dans l'espoir d'améliorer leur niveau de vie.

À Lodz, ils ont tous les deux rejoint un parti politique, le Bund,[3] qui était devenu très populaire auprès des jeunes travailleurs juifs. Aujourd'hui encore, mon mari et moi appartenons à un groupe composé des anciens membres du Bund à Toronto. À l'époque, le Bund essayait d'améliorer la vie des travailleurs juifs. Le Bund pensait que les Juifs avaient les mêmes droits que les autres citoyens polonais. En Pologne et dans d'autres pays, ce n'était pas toujours le cas. Le Bund soutenait que tout le monde avait le droit d'être heureux, qu'il ne fallait pas faire la guerre, que tout le monde, toutes couleurs, races et religions confondues, avait le droit de vivre en harmonie et dans le respect des différences de chacun sans avoir à se battre, et que le monde pouvait être un endroit magnifique. C'est ce que mes parents ont appris au Bund, et le Bund est devenu leur deuxième maison. Ils y ont rencontré de nombreux amis qui partageaient ces idées-là. Grâce au Bund, la vie de mes parents s'est emplie d'un bien-être qu'ils ne connaissaient pas dans leur petite ville natale. Après leur mariage, ils ont structuré leur vie quotidienne autour des valeurs du Bund auxquelles ils croyaient si fort : amour, respect des autres, le droit pour les Juifs de participer au développement de la langue et de la culture juives, et la possibilité pour tous les citoyens d'aller à l'école. Mes parents, eux, ne sont jamais allés à l'école. Ce qu'ils savaient, ils l'avaient appris par eux-mêmes.

C'est dans cet environnement que Chava et moi sommes venues au monde. Chava a presque quatre ans de plus que moi. Quand j'étais petite, je voulais toujours aller où elle allait. Mais qui a envie de traîner sa petite sœur chez ses amis ? Chava ne voulait pas m'emmener avec elle. Comment est-ce que je réagissais ? Je pleurais, bien sûr. Est-ce que cela m'aidait ? Bien sûr que non.

---

3 Le Bund a été fondé en 1897 à Vilna. C'était un mouvement socialiste juif défendant la justice sociale, et en particulier les revendications des classes ouvrières juives. Voir le glossaire pour plus de détails.

Quelques années plus tard, quand j'ai eu le droit de sortir avec mes propres amis, j'ai cessé de la harceler pour la suivre partout.

Je me souviens très bien de notre dernier appartement, celui dans lequel nous avons vécu avant que la guerre n'éclate. En Pologne, la plupart des gens vivaient dans des maisons-appartements. Elles étaient construites autour d'une place avec une cour au milieu. La maison dans laquelle nous vivions se trouvait dans une très belle rue, non loin d'un parc. Nous habitions au deuxième étage. Notre appartement consistait en une immense pièce et une minuscule cuisine séparée de la pièce principale par une fine cloison en bois. Nous n'avions pas d'évier ni d'eau courante. Nous devions aller chercher l'eau à un robinet qui se trouvait dans le hall. Nous n'avions pas de toilettes et nous devions descendre dans la cour pour utiliser les toilettes publiques. Je n'aimais pas ça, mais j'adorais quand même notre maison. Je devais avoir sept ou huit ans quand nous avons emménagé, parce que je me souviens que j'allais déjà à l'école toute seule. Quand je repense à mon enfance, cette maison envahit mon souvenir et m'enveloppe de lumière et de soleil, et des parfums de nos nombreuses plantes et de la cuisine de ma mère. Je me revois en train de faire mes devoirs à la grande table ovale, la nappe repliée, des voix de la rue résonnant dans la maison. Il y avait huit familles à chaque étage, et chaque famille avait des enfants, si bien que je ne manquais pas d'amis. Parfois, j'aimais jouer avec mes amis dans la rue. Nous sautions à la corde ou jouions à d'autres jeux. Si la plupart des familles qui vivaient dans notre immeuble étaient juives, il y avait aussi une famille polonaise à notre étage. Nous ne leur parlions jamais, à eux ou à leurs enfants. Je pense que nous avions peur d'eux. Nous savions que les Polonais n'aimaient pas les Juifs, c'est pourquoi nous nous tenions à l'écart.

L'école que je fréquentais s'appelait la Medem Shul.[4] Elle

---

4 « Shul » signifie école en yiddish.

portait le nom d'un célèbre leader bundiste, Vladimir Medem. C'était une école privée, parrainée par le parti auquel mes parents appartenaient, le Bund. En dehors de la langue et de l'histoire polonaise, tout était enseigné en yiddish. J'adorais l'école et mes professeurs. Ils m'ont servi de modèle quand je suis, à mon tour, devenue professeur. Mon plus vieux souvenir de mes années d'école remonte à ma première année. Notre professeur s'appelait Lererin Hardak. C'est ainsi que nous nous adressions à nos professeurs : « lerer » pour un enseignant ou « lererin » pour une enseignante, suivi de son nom. Lererin Hardak était une vieille dame adorée de ses élèves. Nous venions de commencer à apprendre à écrire à l'encre. Dans chaque bureau, il y avait un trou rond destiné à accueillir un encrier dans lequel nous trempions nos stylos. Le garçon assis devant moi s'appelait « Indik », qui signifie « dinde » en yiddish. Tout le monde se moquait de lui à cause de son nom. Le pauvre. Je ne me souviens pas de ce qui s'est passé ce jour-là, si les enfants se moquaient de lui et s'il en avait plus qu'assez, ou si je le taquinais. Tout ce dont je me souviens, c'est qu'il tenait son encrier à la main et que quelques secondes plus tard, je me suis mise à pleurer et à hurler parce qu'il avait vidé l'encrier sur ma tête. Imaginez : j'avais de l'encre qui me coulait sur le visage, sur tous mes vêtements, toute la classe me regardait, les garçons riaient aux éclats, les filles essayaient de me consoler. Lererin Hardak est venue à mon secours. Elle m'a assise sur son bureau et elle a essayé de me nettoyer du mieux possible, en me parlant gentiment tout le temps. Finalement, elle a demandé à plusieurs filles de me raccompagner chez moi parce que j'avais trop d'encre sur moi et qu'elle n'arrivait pas à l'enlever. Je suis rentrée chez moi entourée de quatre filles, une à l'avant, une à l'arrière et une de chaque côté. Je crois que je me sentais très fière : mes cheveux n'étaient plus roux, j'étais escortée et j'étais l'héroïne du jour dans ma classe. Malgré tout, je ne pouvais cesser de pleurer. Je ne sais pas ce qui est arrivé à cet

Indik, ni quelle punition il a reçue. Je ne me rappelle pas être retournée à l'école ce jour-là, même si je suis sûre que je l'ai fait, accompagnée de mon escorte.

Mes autres souvenirs d'école se résument à jouer, danser et chanter dans la chorale. Même si, à ce jour, je suis incapable d'entonner un air, je me débrouille plutôt bien quand je chante avec d'autres personnes. Je suis sûre que pendant mes sept années passées à la Medem Shul, il y a aussi eu des larmes, des déceptions et de la tristesse ; pourtant, je ne sais pas pourquoi mais je ne m'en souviens pas. Notre école était très pauvre. C'était une école privée financée par les parents, mais la plupart d'entre eux étaient pauvres aussi. Il arrivait que l'école soit expulsée de ses locaux parce que le loyer n'avait pas été payé, et je me souviens qu'une fois, des gens sont venus prendre le piano de l'école. Je pense que finalement, il a été sauvé. Prenant conscience de la perte potentielle de l'école, quelqu'un a certainement versé de l'argent.

Certains enfants étaient extrêmement pauvres et ne payaient pas de frais de scolarité. Chaque jour, une mère différente venait à l'école avec des ingrédients pour préparer une soupe aux élèves les plus nécessiteux. Ma mère venait à l'école deux fois par semaine et s'affairait à la cuisine. J'adorais ces jours-là. La cuisine était toujours ouverte à tous les enfants, si bien que tous ceux qui voulaient un bol de soupe pouvaient venir en demander un. De cette manière, les enfants défavorisés n'étaient pas mis à l'écart. Les élèves adoraient la soupe de ma mère parce qu'elle était toujours préparée avec de gros morceaux de viande. J'étais très fière d'elle et j'étais sa cliente la plus fidèle.

J'adorais danser, réciter des poèmes et jouer la comédie. Je me souviens qu'une fois, pour la Fête des mères, l'école avait organisé une soirée de chants et de poèmes en l'honneur de nos mères. J'avais un poème à réciter. La classe dans laquelle se déroulait l'événement était décorée de fleurs. Ma mère était assise au premier rang. Pendant que je récitais mon poème, j'ai vu la personne qui se trouvait derrière elle lui murmurer quelque chose à l'oreille. J'ai aussi vu le visage radieux de ma mère qui a répondu : « C'est ma fille cadette. » J'étais heureuse de savoir que ma mère était fière de moi ce soir-là. Cette image est encore très nette dans mon esprit. Mes professeurs pensaient que je devais étudier l'art dramatique et en ont discuté avec mes parents. Ils étaient d'accord. Je devais m'inscrire au lycée après la remise des diplômes et suivre des cours de théâtre.

J'avais une vie bien remplie. Je faisais partie de l'organisation des enfants bundistes, la *Sotsyalistisher Kinder Farbund*, ou Union des enfants socialistes, aussi appelée *SKIF*. Comme la plupart des enfants qui fréquentaient la Medem Shul de Lodz, j'étais aussi inscrite au club sportif bundiste, le *Morgenshtern*, ou Étoile du matin. J'y allais deux fois par semaine pour suivre des cours de gymnastique et je participais au spectacle annuel du club dans le plus grand théâtre de Lodz. J'adorais ça.

Les lycées étaient privés et chers en Pologne, et tout le monde n'avait pas les moyens de s'y inscrire. Lorsque Chava a obtenu son diplôme à la Medem Shul, elle était suivie par un professeur qui l'aidait à préparer un examen d'entrée en deuxième année de lycée, pour pouvoir économiser une année de frais de scolarité. Quand mon tour est venu, Chava m'a aidée à préparer l'examen pour que je puisse, moi aussi, sauter la première année. Je lui ai donné du fil à retordre parce que c'était ma sœur. Je ne voulais pas l'écouter. J'ai finalement réussi les examens dans toutes les matières, sauf l'allemand. Je pensais qu'en connaissant le yiddish, je pourrais réussir l'examen d'allemand, et j'ai donc refusé de le préparer.[5] Mais bien

---

5   Le yiddish est une langue dérivée du moyen-haut-allemand, dans lequel ont été introduits des mots issus de l'hébreu et de l'araméen, ainsi que de langues romanes et slaves. Il s'écrit en caractères hébraïques. Il existe des similitudes entre le yiddish et l'allemand contemporain.

entendu, le yiddish n'a rien à voir avec l'allemand. J'ai malgré tout été acceptée en deuxième année de lycée, mais j'ai été avertie en début d'année scolaire que je devrais passer l'examen d'allemand. C'était en septembre 1939, le début de la guerre et l'invasion de la Pologne par l'Allemagne. Les écoles sont restées ouvertes encore quelque temps. J'ai commencé le lycée mais je n'ai pas dû passer l'examen d'allemand. Les cours d'art dramatique, eux, n'étaient plus du tout à l'ordre du jour.

Deux autres souvenirs d'enfance me marquent particulièrement. Quelqu'un dans la famille de ma mère tenait une bijouterie. Un jour, ma mère m'a présenté une petite bague en argent rehaussée d'une pierre. Je ne me souviens pas de la couleur de la pierre, mais je me souviens de ma joie et du plaisir d'avoir enfin une vraie bague, et pas une bague que j'avais fabriquée moi-même avec du papier ou de la ficelle. La nuit, je dormais avec la bague au doigt et la journée, je la gardais pour jouer. Je n'arrêtais pas de la regarder. Pourtant, un jour, j'ai remarqué que la pierre avait disparu. Ça a été une journée très triste. J'étais inconsolable. Je ne voulais plus regarder la bague. Elle avait perdu sa beauté à mes yeux. Aujourd'hui encore, à chaque fois que j'ai une nouvelle bague, je repense à ma première bague en argent, à quel point je la chérissais et à quel point j'étais triste d'avoir perdu cette pierre.

Un autre souvenir de mon enfance concerne ma *bubeshi*, un terme affectueux que j'emploie pour désigner ma grand-mère paternelle qui vivait à Konskie, une ville polonaise. Je ne l'ai vue que rarement dans ma vie, mais je me souviens d'elle même si j'ai oublié les traits de son visage. Je me souviens plus de sa présence que de son apparence physique. Elle était petite, gentille et avait une voix très douce. Je n'avais pas d'autres grands-parents en vie. Mon premier souvenir de ma *bubeshi* remonte à mes six ou sept ans. Un été, ma mère nous a emmenées Chava et moi jusqu'à Konskie. Bubeshi vivait avec sa plus jeune fille célibataire, notre tante

Shprintze, dans une chambre au grenier d'une vieille maison. Je me souviens de la fenêtre de cette chambre parce qu'il y avait une très belle vue sur le jardin attenant à l'église et à la maison du prêtre. Je me souviens encore aujourd'hui des matins que je passais là-bas. Je restais à côté de la fenêtre ouverte et respirais le parfum des fleurs et des arbres. En tant qu'enfant de la ville, j'étais enchantée par tout ça.

Ma grand-mère et Shprintze tenaient un stand au marché. Elles vendaient des articles de mercerie comme des lacets de chaussure, des aiguilles, du fil, des épingles et d'autres choses du genre. Je me rappelle qu'elles m'ont emmenée au marché avec elles avant de m'installer devant une boîte de myrtilles. On m'a ensuite donné un pic pour les attraper et les manger. Je me souviens aussi à quel point je me sentais heureuse et sereine, et à quel point ma tante Shprintze et Bubeshi m'aimaient. Les gens s'affairaient autour de moi, parlaient fort et marchandaient. De temps à autre, quand quelqu'un s'arrêtait à notre stand pour acheter quelque chose, ma grand-mère me montrait du doigt et disait : « La fille cadette de mon Avrom, . » Dans cette petite ville, les gens se connaissaient bien et ils partageaient la joie de ma *bubeshi* de recevoir ses petits-enfants qui venaient de la grande ville.

Un autre souvenir que j'ai de ma *bubeshi* date de quelques étés plus tard, peut-être deux ans avant la guerre. Bubeshi s'était cassé une hanche au début de l'été et ne pouvait pas marcher sans canne. Mon père avait loué une maison de campagne dans une station estivale près de Konskie pour que Bubeshi puisse passer l'été avec nous. Mon père n'a pas pu venir nous voir une seule fois à cause de la distance et du prix du voyage. Mon rôle était d'emmener Bubeshi aux dépendances à chaque fois qu'elle en avait besoin et quand j'étais dans les environs. Je me souviens qu'elle était à peine plus grande que moi. Elle se couvrait toujours la tête, à la manière d'une religieuse. Elle me tenait le bras d'une main tout en s'appuyant sur sa canne de l'autre. Je ne me sentais pas assez proche d'elle pour oser lui dire : « Bubeshi, raconte-moi une histoire », même si j'avais très envie d'écouter ses histoires et que je savais qu'elle en connaissait beaucoup. Notre père nous disait toujours qu'elle venait d'une vieille famille de savants et d'écrivains juifs.

J'avais beaucoup d'oncles et de tantes. Certains vivaient à Konskie et d'autres à Lodz. J'adorais la sœur de mon père, Shprintze, de Konskie, et la grande sœur de ma mère, Adele, la meilleure à mes yeux. J'ai donné son prénom à ma fille. Shprintze était jeune, elle avait tout au plus une petite vingtaine d'années. Elle avait les cheveux bruns et ondulés, les yeux foncés et une jolie voix. Je la trouvais très belle. De temps en temps, elle venait à Lodz pour acheter des marchandises pour leur stand et elle passait nous rendre visite. Je me souviens qu'elle était très drôle, qu'elle riait beaucoup et qu'elle chantait. Je suppose que pendant un instant, elle oubliait les lourdes responsabilités qu'elle avait chez elle. Je me souviens de son mariage peu avant la guerre. C'était chez nous, ce qui veut dire que le marié devait être de Lodz. Ma mère avait préparé la nourriture avec l'aide de ses amis. Je me souviens que les meubles avaient été poussés contre les murs pour pouvoir installer les longues tables. Je n'ai que peu de souvenirs du mariage en lui-même, mais je sais qu'il avait été arrangé par un entremetteur. Je me rappelle que je n'aimais pas le marié et pour moi, Shprintze portait la tristesse sur son visage. C'est le dernier souvenir que j'ai d'elle.

Nous appelions la sœur de ma mère Tziotzia (« tante » en polonais) Adele. Elle ressemblait beaucoup à ma mère mais elle portait une perruque car elle était très pratiquante et elle et sa famille respectaient les traditions à la lettre. Nous l'adorions et elle nous aimait beaucoup aussi. Son mari s'appelait Feter (« oncle » en yiddish) Yankl. Feter Yankl et Tziotzia Adele avaient cinq enfants : quatre filles et un fils. Les deux plus jeunes filles avaient le même âge que Chava et moi. Je n'ai qu'une photo d'eux tous. Nos deux familles étaient très différentes. La nôtre était laïque. Nous n'allions pas à la synagogue et nous n'observions pas les fêtes religieuses, alors que la famille de Tziotzia Adele était très pratiquante. Pourtant, nous nous aimions et respections le mode de vie de chacun.

Mes souvenirs d'enfance les plus chaleureux sont liés à la famille de Feter Yankl et de Tziotzia Adele et à leur maison. À chaque *shabbes*, ou Sabbat, nous allions chez eux. Ils vivaient assez loin, à Baluty, un quartier de Lodz où la population juive était importante. Plus tard, pendant la guerre, cette partie de la ville est devenue le ghetto juif, mais ma Tziotzia Adele n'y vivait plus à ce moment-là. J'avais pour habitude d'aller avec Tobtzia, ma cousine qui avait à peu près mon âge, chercher le *tsholent* que Tziotzia Adele avait fait pour le *shabbes*, chez le boulanger. Le *shabbes* est un plat de viande et de pommes de terre servi au *shabbes* qui doit reposer toute une nuit dans le four du boulanger. Il y avait toujours beaucoup d'invités pour le repas du *shabbes* autour de la table, y compris des amis de mes cousins et des parents. La table semblait pouvoir accueillir tout le monde. Mes cousins les plus âgés appartenaient à une organisation sioniste, alors que nous faisions partie du Bund, ce qui déclenchait toujours des débats à table car les deux mouvements avaient des idéologies très différentes.[6] Nous chantions et nous discutions beaucoup à table. Je les aimais tous beaucoup. Ils travaillaient dur et gagnaient leur vie en confectionnant des chaussettes sur de petites machines chez eux. Tziotzia Adele filait la laine et Feter Yankl vendait les chaussettes à des magasins locaux. Ils vivaient tous les sept dans une seule pièce avec une cuisine qui leur servait aussi

---

6 Même si le Sionisme et le Bundisme étaient tous deux des mouvements nationaux juifs et ont agi en tant que partis politiques juifs dans la Pologne de l'entre-deux-guerres, le Sionisme plaidait en faveur d'une terre nationale juive en Israël, alors que le Bundisme prônait l'autonomie culturelle juive dans la Diaspora. Pour plus de détails, voir le glossaire.

d'atelier de travail. Dans une pièce voisine vivaient les parents de Feter Yankl. Pour le *shabbes*, ils rangeaient les machines, nettoyaient l'appartement et le décoraient. Ils occupent tous un coin particulier dans mon cœur et parfois, quand je me sens seule, je me réfugie dans ce coin pour me réchauffer dans les souvenirs de ma Tziotzia Adele et de sa famille.

J'avais onze ans quand la fille de Tziotzia Adele et de Feter Yankl, Chava, s'est mariée. Ma mère devant participer à la préparation du mariage, nous avons séjourné chez Tziotzia Adele la semaine qui précédait le mariage. C'est à peine si j'ai reconnu le lieu en arrivant. Tziotzia Adele portait un grand tablier coloré, avec les manches retroussées, et elle surveillait les énormes poêles et casseroles sur le feu. Avec toute cette agitation, sa perruque est tombée, laissant apparaître quelques-uns de ses cheveux. Feter Yankl priait et restait à l'écart autant que possible. Le mariage devait avoir lieu chez eux et j'ai eu l'impression que Tziotzia Adele et ma mère n'ont pas quitté la cuisine pendant une semaine. La porte du hall restait entrouverte et un flot continu de parents et voisins entraient et sortaient pour goûter les plats, donner des conseils ou nous aider à déplacer les meubles. Il était difficile de ne pas être dans les jambes de quelqu'un dans ce qui ressemblait à une fourmilière.

J'attendais le mariage avec grande impatience. Je voulais porter ma nouvelle robe et mes nouvelles chaussures spécialement pour l'occasion mais surtout, j'étais curieuse de rencontrer mon nouveau cousin, le futur mari de Chava. Je me demandais : est-il beau ? Est-il jeune ? Parle-t-il de politique comme les petits amis de mes autres cousines ou, comme Feter Yankl, consacre-t-il son temps libre à l'amour de Dieu ?

Ma cousine Chava était la fille aînée de mon oncle et de ma tante. Ses cheveux jaunâtres, son teint pâle et ses yeux bleu clair faisaient qu'elle n'était pas aussi belle que ses frères et sœurs. Pourtant, elle était grande, mince et très gracieuse. Timide et renfermée, elle ne se joignait jamais à eux pour chanter ou bavarder. Elle restait dans son coin pendant que les autres chantaient des airs remplis de croyance, non dans le Messie, mais dans le fait qu'ils pourraient eux-mêmes être le Messie et changer le monde. Elle ne pouvait pas dépasser cette limite, comme l'avaient fait les autres, entre l'ancien et le nouveau. L'ancien lui était familier, et elle savait y trouver sa place. La bénédiction des bougies du *shabbes* et le chant scandé des prières de son père cadençaient sa vie. Elle avait l'impression d'être un maillon d'une longue chaîne, comme sa mère, et comme sa grand-mère avant elle. Elle avait peur de briser cette chaîne.

Tziotzia Adele acceptait l'évolution de ses enfants avec tolérance, tant qu'ils n'affichaient pas de rébellion ou de mépris à l'encontre de la religion, et tant que les traditions et coutumes étaient respectées. Ma cousine Chava acceptait le fossé qui la séparait de ses frères et sœurs avec résignation. Je les aimais et les admirais tous. J'admirais leur capacité à se servir des tricoteuses à main pour fabriquer des chaussettes pour hommes. Ils me gâtaient beaucoup.

Nous vivions assez loin de chez eux. Dans ma famille, nous avions pour habitude de nous rendre à pied chez Tziotzia Adele presque tous les samedis pour nous joindre à leur repas de fête autour de la grande table où j'étais « la petite ». Plus tard, lorsque les synagogues ont été brûlées dans ma ville natale et dans d'autres villes polonaises, nous ne pouvions plus rejoindre la table de Tante Adele. C'est alors que j'ai su que mon enfance était terminée.

À cette table un samedi, j'ai tendu l'oreille pour écouter une conversation entre ma mère et Tziotzia Adele :

« Chava voit le jeune homme demain. L'entremetteur, M. Rubin, a tout organisé. Selon lui, il vient d'une bonne famille et c'est un jeune homme érudit et bien de sa personne, a glissé à demi-mots Tziotzia Adele à l'oreille de ma mère.

– Chava est toujours contre le mariage arrangé ?

– Tu connais Chava, a soupiré Tante Adele. Je ne sais pas ce qu'elle a. D'abord, elle disait qu'elle n'épouserait jamais un homme choisi par un entremetteur, et ensuite elle m'a hurlé de rage qu'elle le ferait et qu'elle se sacrifierait pour les autres.

– C'est comme ça qu'elle voit les choses ? La pauvre, a répondu ma mère.

– Elle n'est pas stupide. Elle sait bien que ses sœurs ne pourront pas se marier tant qu'elle, l'aînée, n'ira pas par la volonté de Dieu jusqu'à la *khuppah* (dais nuptial). Et elle a raison… combien de temps les autres devront-elles attendre ? Il est temps qu'elles se marient. Et Tziotzia Adele a essuyé une larme sur son tablier.

– J'espère qu'il saura prendre soin d'elle, Adele. Elle mérite d'être heureuse.

Ma mère aussi avait les yeux humides.

Je me remémorais cette conversation les nuits où je dormais chez Tziotzia Adele. Je partageais un lit avec ma cousine Chava et ma mère dormait avec ma tante car elles voulaient discuter du travail qu'il restait à faire. Tout le monde disait que c'était un privilège de dormir avec une mariée avant son mariage, mais ce n'était pas mon avis. Nuit après nuit, j'étais réveillée par les sanglots de Chava. Mon intuition me disait de faire semblant de dormir, mais j'étais inquiète à son sujet.

« Maman, ai-je demandé à ma mère un matin, pourquoi Chava pleure-t-elle toutes les nuits ? » Ma mère m'a regardée et m'a répondu calmement : « Certaines filles ont envie de pleurer avant leur mariage.

– Est-ce que toi aussi tu pleurais avant d'épouser Tatè ?

– C'était il y a très longtemps, ma petite. Je ne m'en souviens pas.

Le jour J a fini par arriver. Les deux pièces qui encadraient la cuisine étaient prêtes. La chaise qui trônait à la tête de la table réservée aux femmes était gardée par de grandes plantes, tels deux soldats attendant la venue d'une reine. Le trône était destiné à Chava car ce soir-là, c'était elle la reine. Elle était très belle. Très pâle après avoir jeûné toute la journée, elle avait l'air plus grande que d'habitude dans sa longue robe blanche. La mariée était la seule habillée en blanc et, au milieu des visages rayonnants des invités, Chava avait l'air d'un bouleau dans une forêt étrange. Même une fois la cérémonie terminée, des invités continuaient à arriver. Pleurs, rires et bavardages se faisaient entendre. Tout le monde venait m'embrasser sur les joues. Ma mère semblait connaître tout le monde car elle serrait des mains, acceptait des cadeaux de mariage et les félicitations d'usage : « *Mazl-tov*, et tous mes vœux pour le futur mariage de votre fille.

– *Mazl-tov* à vous aussi, répondait ma mère. Chava souriait aux invités avec difficulté, les yeux remplis de larmes. J'avais l'impression que ses larmes n'arrêtaient jamais de couler, et ma joie en était gâchée.

Je ne savais pas encore si le marié était beau ou si je l'apprécierais en tant que mari de ma cousine. Je l'avais à peine aperçu. Je me trouvais dans la cour lorsque Chava l'a rejoint sous la *khuppah*. Ma présence était cependant totalement ignorée par les corpulentes matrones qui m'empêchaient d'assister au spectacle. Mais j'observais la pièce où les hommes étaient assis. Ils mangeaient et chantaient de bon cœur. Ils tapaient des mains au rythme de leurs chansons, si bien que leurs barbes et leurs *peyes*, ou papillotes, allaient de haut en bas, comme si elles dansaient en harmonie. Mon père servait à manger ; il apportait des plats posés uniformément sur son bras gauche. Il avait l'air d'un danseur en pleine danse rituelle, sa main droite se déplaçant avec grâce vers son bras gauche pour prendre un plat, puis le poser devant les invités, le tout en restant en rythme avec les chansons des invités. Feter Yankl était assis en tête de table dans son nouveau manteau noir, sa longue barbe grisâtre soigneusement peignée. Il m'a appelée. J'étais intimidée devant tous ces grands hommes qui se comportaient comme des enfants. J'ai rejoint directement l'extrémité de la table pour me réfugier sur les genoux de Feter.

« Tu ne m'as pas souhaité *Mazl-tov*, ma petite. Un oncle mérite un baiser pour une telle occasion, m'a-t-il dit.

– *Mazl-tov*, Feter Yankl. En l'embrassant, j'ai ri parce que ses moustaches me chatouillaient.

– Dis *Mazl-tov* à ton nouveau cousin, Arun, le mari de Chava, et il s'est tourné vers la droite.

– Ah, c'est donc à ça qu'il ressemble, pensais-je en essayant de l'observer. *Mazl-tov*, cousin Arun, ai-je prononcé timidement.

– *Mazl-tov*, petite cousine, avec tous mes vœux pour ton futur mariage, m'a-t-il répondu en souriant.

Ses yeux semblaient dire : « Je ne suis pas toujours aussi sérieux, tu penses que je ferai un bon cousin ? » Je pensais que oui. Il avait l'air bien. Je voulais courir jusqu'à Chava et lui dire de ne plus pleurer parce que j'avais rencontré son mari, qu'il avait l'air très gentil et que je l'aimais bien.

Je suis retournée jusqu'à la pièce où les femmes célébraient le mariage et j'ai fait avec enthousiasme un signe de la main à Chava. Elle m'a répondu en agitant la main, son alliance brillant à son doigt. Tziotzia Adele allait d'invité en invité, les encourageant à manger toujours plus, acceptant des compliments sur la nourriture, et des vœux de bonheur pour le jeune couple. Les femmes chantaient et dansaient aussi et les chansons se mêlaient joliment aux airs hassidiques de l'autre pièce. Soudain, quelqu'un a montré la cuisine du doigt en disant : « Un peu de silence, tout le monde. Avrom va faire un discours. »

Mon père se tenait sur un fût de bière vide, ses belles mains blanches grandes ouvertes, faisant face à la pièce dans laquelle les hommes étaient assis. Il avait l'air jeune et beau avec son nouveau costume, sa chemise blanche étincelante et son nœud-papillon de couleur sombre. Sa *kippah* (calotte) lui donnait un air solennel. « Arun, fils d'Isaac, a commencé mon père, c'est à toi que je veux m'adresser. C'est toi que je veux accueillir dans la famille de notre sœur Adele. Tu es un homme chanceux, Arun, car tu as trouvé un foyer habité par l'amour. L'amour de Dieu, assurément, mais aussi l'amour de l'Homme. Tu as trouvé un foyer qui donne à manger à ceux qui ont faim et qui donne à boire à ceux qui ont soif. Tous ceux qui arrivent dans cette maison malades ou tristes en repartent réconfortés et plus heureux. C'est le don exceptionnel d'Adele. Notre sœur Adele n'est pas riche. Elle passe ses journées devant le rouet à filer dans cette cuisine, à préparer du fil pour les chaussettes que ses enfants fabriquent. Pourtant, elle est plus riche que bien des femmes, car elle a réussi avec les années à devenir propriétaire d'une pièce de joaillerie rare et unique. Il s'agit un collier de cinq magnifiques perles, Arun. Elle prend soin d'elles avec amour et tendresse, et les porte avec humilité mais fierté. Elle t'a confié, Arun, une de ses perles. À toi de montrer que tu la mérites. Aime-la et prends soin d'elle, et tu peux être sûr de devenir la sixième perle du collier de notre sœur Adele. »

Un silence est tombé sur la pièce, suivi de forts applaudissements. Quelqu'un a ensuite entonné la chanson traditionnelle polonaise : « Cent ans, Cent ans, pourvu qu'il vive cent ans. » Comment pouvaient-ils savoir que le camp de concentration de Dachau ne lui permettrait même pas d'en arriver à la moitié ?

J'ai regardé mon père, me tenant au milieu des invités qui se serraient la main, et soudain j'ai réalisé que mon père était un homme hors du commun. C'était un poète, un véritable poète, pensais-je avec fierté. Ma Tziotzia Adele s'est dirigée vers lui en ouvrant les bras. Il a pris ses deux mains dans la sienne et l'a embrassée sur la joue avant de dire : « Puisses-tu ne connaître que le bonheur. » Elle a levé les yeux vers lui, les yeux remplis de larmes et n'a pu répondre que « Avrom… Avrom… », trop émue pour en dire davantage. Chava s'est approchée de mon père et l'a pris dans ses bras : « C'était un magnifique discours, mon Oncle.

– Et tu es une magnifique mariée, lui a-t-il répondu. Chava, tu seras heureuse, c'est un homme bien. Mon père, en homme galant qu'il était, l'a embrassée et c'est alors qu'il a remarqué que son alliance avait disparu. « Ta bague ? » lui a-t-il chuchoté à l'oreille. Elle a regardé sa main et elle est devenue blanche, encore plus blanche que sa robe de mariée. « Elle a dû glisser. Je l'ai perdue, je ne voulais pas », a-t-elle murmuré, prise de panique, en se baissant à côté de mon père pour la chercher. Certains ont vite compris ce qui s'était passé et tout à coup, je n'entendais plus qu'un mot dans la pièce : Bague.

« Perdu la bague. »

« Trouver la bague. »

« Où est la bague ? »

« Ne dis rien au marié à propos de la bague. »

« La bague, la bague, la bague… »

La bague a finalement été retrouvée et rendue à Chava. Il était tard. J'avais sommeil et j'étais fatiguée. Avant de me coucher, je suis allée trouver Chava pour lui demander : « Est-ce que les autres se marieront bientôt ? » Réalisant rapidement que je n'aurais pas dû lui poser cette question, j'ai ajouté : « Je sens que je vais aimer ton mari. Cousin Arun est un homme bien. » Chava m'a embrassée et m'a souri, le premier vrai sourire sur son visage ce soir-là. C'était la dernière fête et la dernière réunion familiale chez Tziotzia Adele. C'était le dernier événement familial heureux de mon enfance.

Je sais que j'ai connu des jours très différents dans mon enfance : des jours ensoleillés, des jours heureux et des jours tristes. Il arrivait que mes parents soient en colère contre moi, ou que je sois en colère contre moi-même, ou encore contre eux. Je ressentais parfois de la tristesse, de la déception ou de la frustration. Pourtant, quand je pense à mes années d'enfance aujourd'hui, je me sens entourée de chaleur et je garde un sentiment profond de sécurité. Je me souviens d'un foyer rempli d'amour, de parents qui s'aimaient profondément et qui nous aimaient, nous leurs enfants. Ils m'ont servi de modèle quand j'ai à mon tour élevé mes enfants. J'ai essayé de leur transmettre ce que mes parents m'ont appris. Je suis reconnaissante à mes parents de l'exemple et de tout l'amour qu'ils m'ont donnés.

J'ai été diplômée de la Medem Shul en juin 1939. La remise des diplômes était un événement très attendu, même si j'étais un peu déçue. Je savais que j'étais candidate à un prix très prestigieux que l'école attribuait chaque année au meilleur élève. Chava l'avait reçu au moment de sa remise de diplôme. Pourtant, quand mon tour est arrivé, le prix a été remis à un garçon de ma classe. Bien entendu, j'en ai été contrariée. À ce moment-là, je savais déjà que j'étais acceptée en deuxième année de lycée. Cette nouvelle me rendait très heureuse et atténuait ma déception. Je n'avais aucune idée que toute ma vie allait bientôt être bouleversée.

La guerre a éclaté le 1er septembre 1939, lorsque l'Allemagne a envahi la Pologne. Les Allemands ont occupé notre ville dès les premiers jours de la guerre. Lodz était habitée par de nombreux Allemands qui accueillaient les occupants à bras ouverts. J'ai commencé le lycée avec une grande appréhension et une grande crainte. Tout le monde savait que les Allemands ne laisseraient pas les écoles juives ouvertes. Ils ont en effet rapidement ordonné leur fermeture. Ma scolarité semblait avoir touché à sa fin.

Ma première rencontre avec la cruauté nazie ne s'est pas fait attendre très longtemps. Je me tenais près de la fenêtre de notre appartement et je regardais mon père traverser la rue pour aller faire de la monnaie dans un magasin. C'est alors que j'ai vu avec horreur deux soldats allemands l'approcher, le pousser et lui ordonner de marcher devant eux. Je suis immédiatement sortie en courant pour supplier les soldats de le laisser partir. Je les ai implorés, en leur disant que c'était mon papa et qu'ils ne pouvaient pas lui faire ça. Ils ont ri, m'ont poussée sur le côté, ont rassemblé d'autres hommes juifs au passage et les ont tous emmenés de force jusqu'au centre-ville. Je marchais à leurs côtés, accompagnée de ma mère et d'autres femmes juives. Ils ont forcé les hommes juifs à creuser des tranchées au beau milieu de la ville jusque tard dans la nuit. Quand mon père a été relâché, nous avons couru jusque chez nous en traversant les rues désertes. Ma sœur Chava nous attendait avec un repas chaud. À partir de ce moment-là, mon père n'a plus jamais quitté l'appartement. Nous étions constamment sur nos gardes, et lorsque nous voyions des soldats allemands rassembler des hommes juifs et les tirer hors de chez eux, nous rentrions à la maison en courant pour enfermer mon père à l'intérieur. Ils n'ont plus jamais emmené mon père.

Au rez de chaussée de notre maison se trouvait une boulangerie tenue par un vieux couple d'Allemands. Les premiers jours de la guerre, ils vendaient des pains à leurs voisins. Ils le faisaient avant d'ouvrir la boutique pour leur éviter de faire la queue toute la nuit, ce qui nous a beaucoup aidés. Nous achetions quatre pains et nous en troquions certains contre des œufs et du beurre. Les produits d'alimentation se faisaient déjà rares et les articles disponibles étaient assez chers. Avant le début de la guerre, les gens parlaient déjà d'une pénurie de vivres. Mon père nous a annoncé qu'il avait apporté nos chaussures d'hiver chez le cordonnier pour fabriquer des cachettes dans les talons où nous pourrions dissimuler de l'argent et la montre en or de ma mère, le seul objet de valeur qu'elle possédait. Il voulait que chacun de nous ait de l'argent sur soi au cas où nous serions séparés. Je ne sais pas combien d'argent nous avions, mais je suis sûre que ça ne représentait pas grand chose. Nous ne savions pas non plus combien de temps durerait la guerre.

Quelque temps plus tard, nos voisins allemands ont arrêté de se montrer généreux avec leurs voisins juifs et nous devions attendre comme tous les autres. La boutique ouvrait ses portes le matin, mais les gens commençaient à faire la queue la veille au soir. Un soir, nous sommes descendues pour rejoindre la file d'attente. Mon père est resté enfermé dans l'appartement. Je me tenais derrière ma mère et devant ma sœur Chava. À l'aurore le matin suivant, la boulangerie a ouvert et la file a commencé à avancer lentement et dans le calme. Je n'étais pas loin de la porte lorsque, soudain, un soldat allemand accompagné d'un petit garçon polonais, qui n'avait pas plus de cinq ou six ans, est apparu. Le petit garçon a pointé un doigt sur moi en disant au soldat : « *Jude ! Jude !* » (Juif ! Juif !). Le soldat m'a fait brutalement sortir de la file d'attente. Je suis rentrée en courant sans rien dire à mon père. Je me suis jetée sur le lit, le visage inondé de larmes. Je ne pouvais pas m'arrêter de pleurer. Mon univers s'effondrait et plus rien n'était comme avant. J'étais déconcertée et je n'arrivais pas à comprendre ce qui venait de se produire. J'étais humiliée et en colère. Je ne parvenais pas à contenir ma rage. Ma mère est arrivée et a essayé de me consoler. « Ne pleure pas, regarde, j'ai deux pains. J'en ai pris un et je l'ai caché sous mon châle, puis je suis allée voir l'autre vendeur et j'en ai acheté un autre pour toi. Ne pleure pas. » Le doigt de ce petit garçon polonais pointé sur moi, disant au soldat allemand que j'étais juive, a transpercé mon cœur de jeune fille de douze ans. Aujourd'hui encore, ce souvenir reste douloureux.

Dès que les Nazis ont conquis la Pologne et les autres pays européens, ils ont obligé les Juifs à porter des brassards jaunes ou des étoiles jaunes et le mot *Jude*. À Lodz, nous devions porter deux étoiles jaunes sur nos vêtements : une devant et l'autre derrière. Nous n'avions pas le droit de sortir sans elles. Se montrer dans la rue sans ces étoiles jaunes revenait à s'exposer à une lourde sanction, voire à la mort.

Les Allemands ont annexé Lodz et l'ont renommée Litzmannstadt, l'intégrant ainsi officiellement à l'Allemagne et l'excluant de la Pologne. Chez nous régnait une humeur très sombre. Nous ne savions pas à quoi nous attendre. Nous ne pouvions plus nous déplacer librement en ville. Nous avions peur. Certains de mes amis avaient quitté la ville avec leurs parents, pour Varsovie ou d'autres villes. Au cours de ces premiers mois de guerre, j'avais perdu le contact avec la plupart de mes amis, et ils me manquaient.

Au début de l'année 1940, par une journée d'hiver extrêmement froide, des rumeurs disaient que les soldats allemands rassemblaient et évacuaient les Juifs du quartier de Tziotzia Adele. Nous ne croyions pas les rumeurs et ma mère et moi nous sommes rendues à pied jusque chez elle. Il était tout à fait impensable qu'elle ne soit pas là. Pourtant, les rumeurs étaient fondées. La rue grouillait de soldats allemands et nous ne pouvions même pas nous approcher de la maison. Je n'ai plus jamais revu Tziotzia Adele, Feter Yankl, ni mes cousines. Seule Nachama, une de mes cousines, et sa famille sont

---

7   Sous la domination nazie, les Juifs étaient forcés à vivre dans des ghettos. Ces zones exiguës consistaient en un quartier spécifique d'une ville qui était clôturé. Voir le glossaire pour plus de détails.

restées. Ils ont été ramenés au ghetto ultérieurement.

Le Ghetto de Lodz se trouvait dans le petit quartier délabré de Baluty, qui était habité par de nombreux Juifs, et par ma Tziotzia Adele. Tous les Juifs de Lodz, soit plus de 230 000 d'entre nous, ont été forcés à s'amasser dans cette zone. C'était l'hiver 1940, un hiver très froid. Dans les rues glaciales, sous un ciel sombre et hostile, un flot continu de Juifs arrivait des quatre coins de la ville pour rejoindre le ghetto. Nous en faisions partie. Nous n'avions que quelques jours pour quitter notre foyer. Parmi tous nos biens, nous n'avons pris que ce que nous pouvions porter. Nous avons dû laisser tous nos meubles. Nous avons eu l'autorisation d'ouvrir l'appartement vide de Tziotzia Adele et nous y avons emménagé. Quel sentiment étrange d'occuper cette maison sans les personnes que j'aimais tant. Nos voisins, une famille de trois, et deux cousins lointains sont venus vivre avec nous. Ils n'avaient nulle part ailleurs où aller.

Avec autant de gens dans un quartier aussi petit, le ghetto était surpeuplé. Il a rapidement été fermé et entouré de barbelés. Personne n'avait l'autorisation d'en sortir ni d'y entrer. Les différentes parties du ghetto, qui étaient séparées par une route, étaient reliées par des ponts qui passaient au-dessus de cette route. Les soldats montaient la garde de l'autre côté de la clôture en fil de fer barbelé. Nous étions complètement isolés du monde extérieur. C'était ce que les Allemands voulaient.

Le ghetto est devenu encore plus étouffant lorsque les Allemands ont fait venir des Juifs des villes voisines, puis d'Allemagne et de Tchécoslovaquie. Progressivement, un certain ordre s'est établi. Les Allemands ont désigné un Juif, Chaim Rumkowski, chef du ghetto. À son tour, il a désigné différentes personnes pour l'aider à administrer les services. Il a aussi recruté une force de police juive pour maintenir l'ordre. Il a ouvert des magasins appelés coopératives, dans lesquels étaient distribuées les maigres rations de nourriture attribuées aux Juifs par les Allemands. Mon père travaillait dans un de ces magasins.

29

Ses liens avec le Bund l'avaient aidé à obtenir ce travail. Il n'était pas autorisé à ramener quoi que ce soit de la coopérative à la maison, mais il arrivait à grignoter tant bien que mal sur place. Pour aider sa famille, il mangeait au travail quand il le pouvait et ne touchait pas ainsi à sa ration une fois rentré, ce qui nous laissait un peu plus de nourriture.

Nous avons dû quitter l'appartement de Tziotzia Adele rapidement. L'administration du ghetto a réquisitionné l'immeuble pour ses bureaux. Nous avons emménagé dans un autre appartement au numéro 8 de la rue Lagiewnicka, de l'autre côté du pont. Cet appartement comprenait une cuisine et une petite chambre séparées par une mince cloison en contreplaqué. Nous nous retrouvions enfin entre nous. Personne d'autre ne vivait avec nous. Nous sommes restés dans cet appartement jusqu'à la liquidation du ghetto en août 1944.

Avant que les Allemands ne détruisent la bibliothèque yiddish, la *Groyse-Bibliotek*, un groupe de Bundistes avait réussi à sauver un grand nombre de livres, avant de les stocker dans notre appartement. L'Allemagne nazie avait pour politique de brûler les livres yiddish et hébreux, ainsi que les livres d'auteurs juifs et d'opposants politiques. Ma sœur Chava et moi, avec l'aide de quelques amis, triions et cataloguions les livres rescapés. Nous avons monté des étagères dans la cuisine pour les y ranger. Notre cuisine est donc devenue la bibliothèque du ghetto.[8] C'était une bibliothèque clandestine, ce qui signifie qu'il fallait en parler le moins possible pour que ni l'administration du ghetto, ni les Allemands n'apprennent son existence. La bibliothèque était avant tout réservée aux sympathisants du Bund, quel que soit leur âge. Pourtant, lorsque d'autres personnes en entendaient parler et venaient nous voir, nous les autorisions aussi à emprunter des livres. J'adorais travailler dans cette bibliothèque. Les gens lisaient beaucoup dans le ghetto. Mon amour des livres et de

---

8   D'autres bibliothèques de prêt existaient dans le Ghetto de Lodz, dont celle de Sonenberg, ainsi que d'autres petites bibliothèques de prêt situées dans des appartements privés. Isaiah Trunk, *Lodz Ghetto*, p 339.

la lecture est né à cette époque. La lecture nous permettait de nous échapper dans un autre monde, de vivre la vie des héros et des héroïnes de l'intrigue, de partager leurs joies et leurs peines, les joies et les peines d'une vie normale, dans un monde normal qui n'était pas rempli de terreur et de famine comme le nôtre.

Le Bund et les autres partis politiques se sont réorganisés dans le ghetto, et la vie semblait prendre un certain rythme. Si la famine et la maladie étaient endémiques, au moins nous n'avions plus à regarder les visages des Nazis, et nous n'avions plus à descendre du trottoir lorsqu'un Allemand approchait. Les Allemands évitaient d'entrer dans le ghetto par crainte d'attraper une maladie. Une fois encore, j'étais entourée de mes amis. Nous sommes tous devenus des citoyens du ghetto. Nous participions à sa vie quotidienne, et nous partagions sa tristesse et son espoir d'assister peut-être un jour à la fin du ghetto et des Nazis.

Le Bund, avec toutes ses branches différentes, était désormais divisé en cinq groupes pour des raisons de sécurité. Chacun d'eux avait un leader qui était responsable du groupe et de ses activités. Nous nous réunissions au moins une fois par semaine. La plupart de mes amis étaient de jeunes Bundistes comme moi, avec qui je passais tout mon temps libre. Le Bund, comme tous les mouvements idéologiques du ghetto, était très actif. Nous organisions des conférences sur différents thèmes dans l'une des cuisines populaires tenues par les Bundistes.[9] Pendant un temps, nous avons bénéficié d'un orchestre et d'un théâtre dont seuls les habitants du ghetto connaissaient l'existence. Il s'agissait une fois encore d'institutions clandestines. À chaque représentation, le lieu était surveillé par deux personnes qui guettaient les soldats allemands. Nous ne voulions pas que les Allemands sachent que nous nous défendions en maintenant

---

9 Les cuisines populaires du Ghetto de Lodz étaient tenues par des partis politiques juifs actifs en Pologne dans l'entre-deux-guerres. Isaiah Trunk, *Lodz Ghetto*, p 335.

nos esprits en vie et pleins d'espoir. Nous avons créé un réseau de soutien en faveur de nos nombreux amis malades et de tous ceux qui avaient perdu leur famille. Nous étions parfois appelés à partager nos maigres rations avec un ami malade ou qui se cachait pour échapper à la déportation.

Tous les jours n'étaient pas noirs dans le ghetto. Il y avait des jours de répit quand il n'y avait pas d'*Aktionen*, des « actions », c'est-à-dire des déportations d'habitants du ghetto vers une destination inconnue. Ou quand le printemps arrivait et que nous n'étions plus frigorifiés chez nous ou en allant au travail, et quand des bourgeons apparaissaient sur les quelques arbres que nous avions, et que nous entendions les oiseaux chanter. Ces jours-là nous réjouissaient. Le printemps était notre plus grand réconfort. Il nous donnait de l'espoir et nous offrait une promesse de survie. Loin du centre mais toujours dans le ghetto se trouvait le quartier de Marysin, qui consistait en des champs déserts recouverts d'herbe.[10] C'était notre lieu de rassemblement favori au printemps. Mes amis et moi allions à Marysin le dimanche quand les usines étaient fermées pour faire comme si nous étions libres et chanter à pleins poumons.

---

10 Marysin était une zone abritant de petites fermes et maisons qui a été intégrée au Ghetto de Lodz en mai 1940.

LE *SPERRE*

La famine et la maladie étaient omniprésentes dans le ghetto, mais tant qu'il n'y avait pas de déportations et pas d'Allemands, nous tenions bon. Nous refusions d'abandonner l'espoir de vivre des jours meilleurs. Cet espoir était difficile à nourrir quand il y avait des déportations car personne ne savait qui serait le suivant sur la liste.

L'événement le plus cauchemardesque du ghetto s'est déroulé en septembre 1942. Il portait le nom de *Sperre*, qui signifie « verrouillage » en allemand. Pendant dix jours, nous n'avons pas été autorisés à sortir de chez nous. Tout d'abord, le 1er septembre, les Allemands ont liquidé le seul hôpital qui restait dans le ghetto. Ils sont ensuite passés dans toutes les maisons et ils ont ordonné à tout le monde de sortir. Nous avons dû nous rassembler dans les cours où la sélection a commencé. Les Allemands ont choisi des enfants, des personnes âgées et ceux qui ne leur revenaient pas. Ils les ont forcés à monter dans des camions et les ont emmenés. La quasi totalité des foyers était touchée. Je me souviens surtout pendant ces dix jours des cris et des lamentations qui provenaient de toutes les maisons, de tous les coins du ghetto. Je me revois aussi courir avec mon père dans la nuit pour nous cacher dans une zone du ghetto où la sélection avait déjà eu lieu. Je me rappelle également du livre que je lisais à ce moment-là, *Autant en emporte le vent*. J'étais assise par terre, quelque part dans un coin, et je me bouchais les oreilles pour faire taire les hurlements autour de moi, essayant d'échapper à la peur et aux martèlements de mon cœur. C'est à ce moment-là que j'ai commencé à être malade du typhus. Pourtant, nous avions de la chance d'être encore en vie. Notre famille proche n'était plus là, la dernière trace de ma Tziotzia Adele avait disparu. Tant de nos amis avaient été emmenés. Le ghetto était décimé. Pendant un temps, on aurait dit que nous avions perdu courage et que nous avions abandonné. Mais nous avons rapidement retrouvé l'audace d'espérer, de rêver et de nous battre pour survivre.

AU TRAVAIL

Dans un premier temps, les Allemands ont autorisé l'ouverture d'écoles dans le ghetto, dont un lycée. De nombreux enfants s'y inscrivaient car le lycée était gratuit. Nous avions droit à un morceau de pain supplémentaire à l'école, grâce au chef du ghetto, Chaim Rumkowski. Ce privilège attirait encore plus d'élèves. L'école était un véritable paradis pour moi et pour tous les autres élèves. Je retrouvais mes amis tôt le matin et nous marchions jusqu'à l'école. Nos salles de classe étaient dispersées dans une multitude de petites maisons. Certaines se trouvaient à plusieurs kilomètres du centre du ghetto. L'école était un monde où la guerre et les Allemands n'existaient pas. Nous ne pensions plus au froid ni à la faim. Nous avions envie d'apprendre. Nos professeurs étaient gentils et nous comprenaient. Eux aussi avaient faim et froid. Ils étaient entièrement dévoués à leur travail, nous encourageaient et nous donnaient de l'espoir.

Mais les écoles du ghetto n'ont été qu'éphémères. Les Allemands ne voulaient pas que les enfants juifs étudient, aillent à l'école, ni même s'amusent un tant soit peu. Tout le monde devait travailler et les enfants faisaient partie de la main d'œuvre dès l'âge de dix ans. Les Juifs du ghetto travaillaient pour les Allemands. Des usines étaient créées pour fabriquer des uniformes pour les soldats allemands, des meubles pour les familles allemandes et des jouets en bois pour les enfants allemands. Certaines usines produisaient des articles de maroquinerie, et des lessiveuses qui nettoyaient le linge sale des Allemands. Étant donné que nous travaillions pour eux, les Allemands nous autorisaient à manger un minimum dans le ghetto.

Les enfants travaillaient aussi dans ces usines, mais ils continuaient à étudier en même temps. Nous n'avons pas obéi à l'ordre allemand de fermer les écoles. Elles sont donc devenues clandestines. Leur existence est devenue un secret entre les professeurs et les élèves. Les professeurs ont divisé leurs élèves en groupes de cinq. Les étudiants les plus âgés qui suivaient les cours des professeurs faisaient à leur tour la classe aux jeunes enfants. Les cours avaient lieu dans des maisons et sur le lieu de travail. Je me suis vu attribuer un groupe de cinq enfants. Je leur donnais surtout des cours au travail pendant les pauses, étant donné qu'ils travaillaient dans la même usine que moi. C'est alors que je me suis promis que si je survivais à la guerre, je consacrerais ma vie professionnelle à l'enseignement du yiddish.

Je travaillais dans la section de peinture d'une menuiserie où nous fabriquions des meubles et des jouets en bois pour les Allemands. Nous devions porter des combinaisons et des masques car nous pulvérisions de la peinture sur les jouets. Les vapeurs de peinture étaient toxiques et risquaient de s'infiltrer dans nos narines et d'affecter notre système respiratoire. J'aimais malgré tout travailler là-bas parce que je côtoyais des personnes que j'appréciais beaucoup. Nous étions un groupe de quinze et nous travaillions toujours ensemble, une semaine de jour et une semaine de nuit. J'étais la plus jeune, mais j'ai été choisie pour représenter le groupe. Nous sommes devenus comme une grande famille, nous aidant les uns les autres et prenant soin les uns des autres.

Je me souviens d'un jour où l'une de nos co-équipières n'est pas venue travailler parce qu'elle était sur la liste des personnes qui allaient être déportées du ghetto. Nous ne savions pas à ce moment-là où les déportés étaient emmenés ni quel sort leur était réservé. Personne ne voulait être expulsé du ghetto où nous avions encore un toit sur la tête et où nous étions en terrain connu. Notre co-équipière a décidé de se cacher. Pourtant, dans sa cachette, elle n'avait pas accès à sa ration de nourriture. Pendant notre pause, nous nous rassemblions dans une petite salle adjacente au grand hall pour manger notre soupe et discuter. Ce jour-là, nous sommes entrés dans la salle avec notre soupe et nous avons trouvé un pot sur la table. Nous avons compris ce que cela signifiait, et chacun de nous a versé quelques cuillerées de soupe pour l'aider à survivre dans sa cachette.

Le travail que nous faisions était considéré comme mauvais pour la santé. Non pas que les Allemands s'en souciaient, mais la rumeur disait que Rumkowski, le chef du ghetto, accorderait une soupe supplémentaire pour les travaux qu'il considérait comme dangereux. Nous avons décidé de tenter notre chance. Une soupe de plus par jour valait bien un petit effort. En tant que représentante de notre équipe, j'étais chargée de rencontrer Rumkowski quand il viendrait dans notre usine. Je suis allée trouver le directeur de l'usine, qui était aussi Bundiste et dont la nièce était une camarade de lycée. Je lui ai demandé d'organiser un entretien avec Rumkowski. Un jour, j'ai été appelée à son bureau. Je suis allée à sa rencontre avec ma combinaison couverte de peinture et mon masque autour du cou. J'étais très nerveuse et j'avais peur de Rumkowski, comme tout le monde. Nul ne pouvait savoir quelles folies pouvaient lui passer par la tête et ce qu'il pouvait nous réserver : une gifle en pleine figure ou un sourire. Je me souviens qu'il m'a demandé en premier si j'avais un fiancé. Je lui ai répondu dans un débit de paroles accéléré que non, je n'en avais pas, et que je venais de la part du service de peinture des jouets et qu'en raison des vapeurs nocives que nous respirions, le travail nous rendait malades. Je lui ai dit que nous étions des travailleurs appliqués et que nous aimions notre travail, et je lui ai demandé s'il pouvait plaider en notre faveur pour obtenir une soupe supplémentaire. Je l'ai ensuite remercié. Nous avons reçu une seconde ration de soupe accompagnée, pendant une courte période, d'un verre de lait. Nous étions très heureux, car il s'agissait là d'une victoire.

AMITIÉ

L'amitié est le plus merveilleux cadeau qu'on puisse partager. C'était particulièrement vrai pour moi dans le ghetto. Avec mes amis, je partageais mes rêves et mes espoirs de revivre une époque sans Allemagne nazie et sans guerre. Nous parlions de livres, de garçons, d'amour et de beaux vêtements. Nous appartenions tous au mouvement de la jeunesse du Bund, le SKIF. Beaucoup de mes amis d'avant-guerre ne sont pas entrés dans le ghetto. Certains sont partis avec leurs parents pour d'autres villes polonaises, tandis que d'autres se sont exilés en Russie avec leurs parents. Deux de mes plus proches amies dans le ghetto étaient Rushka, qui vit aujourd'hui à Beer-Sheva, en Israël, ainsi qu'une jolie fille du nom de Sorele Kornblum. Sorele, son petit frère et leurs parents ont fait partie des premiers déportés du ghetto. Son père n'avait pas réussi à trouver du travail dans le ghetto, si bien que sa famille vivait des allocations de l'administration. Les personnes « assistées » étaient les premières à être déportées. À l'époque, nous pensions qu'ils seraient déplacés vers une autre ville. Beaucoup plus tard, nous avons appris la vérité : ils ont fait partie des premiers à être tués par gaz asphyxiant dans des camions conçus à cet effet, à Chelmno,[11] non loin de Lodz. Avec la déportation de Sorele, c'était la première fois que j'avais un profond sentiment de perte au sein du ghetto.

Mon amie la plus proche dans le ghetto était Chanale Hauser, une camarade de classe. Nous travaillions dans la même usine,

---

11 Chelmno était un camp d'extermination situé à 60 km de Lodz. Voir le glossaire.

même si elle était affectée dans le bureau de mon service. Elle vivait à côté de chez nous avec sa belle-mère, son père, sa jeune sœur et son grand frère. Nous étions toutes les deux inséparables. Nous organisions avec les enfants du SKIF des programmes artistiques pour le Bund. La maison de Chanale était un lieu de rassemblement pour les jeunes. Son frère Motl était très actif au sein du Bund, et ses amis se réunissaient chez eux. Notre ami Bono cachait un récepteur radio dans une cantine. Si les Allemands l'avaient découvert, il aurait écopé de la peine de mort. Il nous apportait des nouvelles du monde extérieur lors de nos réunions secrètes. Il écoutait la BBC anglaise et nous informait des derniers événements. Nous nous raccrochions à ces fragments de nouvelles, en les examinant et en les interprétant, pas toujours avec exactitude, mais toujours dans le but de déceler une touche d'espoir, quelque chose qui nous donnerait du courage.

Il y avait un couvre-feu dans le ghetto. Nous n'avions pas le droit d'être dans la rue du début de soirée jusqu'à l'aube. Lors de notre premier hiver dans le ghetto, toutes les clôtures en bois qui séparaient les maisons ont disparu. Le bois était utilisé pour le chauffage et pour cuisiner de maigres repas à partir de nos rations. Sans clôture entre les habitations, nous pouvions donc nous déplacer librement d'une maison à l'autre malgré le couvre-feu. C'était comme si après le couvre-feu, la vie dans le ghetto passait des rues aux arrière-cours.

Dans le ghetto, j'ai attrapé le typhus et je suis restée au lit pendant six semaines avec une forte fièvre. J'avais soif en permanence. Je n'arrêtais pas de songer au récipient bleu que nous avions avant la guerre qui ne désemplissait pas de boissons fraîches pour les enfants. Le Bund m'a sauvé la vie. J'avais besoin chaque jour d'une injection d'un médicament difficile à obtenir dans le ghetto. Par miracle, des membres du Bund ont réussi à m'en fournir tous les jours. Un lointain cousin, qui était infirmier, venait tous les jours pour me faire cette injection. Mes amis venaient taper chez nous avec de petits mots à mon attention, car ils ne pouvaient pas entrer en raison du caractère très contagieux du typhus. Quand je suis sortie pour la première fois après mon rétablissement, ma mère a dû me réapprendre à marcher. Chanale a été la première à m'accueillir. J'ai vu Chanale pour la dernière fois la veille de notre déportation du ghetto.

LA LIQUIDATION DU GHETTO

Nous savions que l'armée russe avançait et que la libération était proche. Nous voulions à tout prix rester dans le ghetto. Nous savions que si nous parvenions à rester, nous serions bientôt libérés. Mais les Allemands voyaient la situation d'un autre œil. À la mi-août 1944, les Allemands ont ordonné que tous les Juifs soient expulsés du ghetto. Chaque jour, un certain nombre de personnes seraient déportées. Les Allemands ont promis un pain à ceux qui se porteraient volontaires. Très peu de gens l'ont fait. Le pain n'était plus une promesse alléchante, contrairement à la liberté.

Je suis retombée dernièrement sur un article que j'ai écrit après la guerre pour *Undzer Shtime*, ou « Notre voix », un journal yiddish tenu par des Bundistes publié à Paris. J'ai écrit cet article en août 1946, deux ans exactement après la liquidation du Ghetto de Lodz. À ce moment-là, je vivais à Bruxelles. Aujourd'hui encore, la lecture de cet article fait ressurgir les sons et les odeurs du ghetto dans ses derniers jours cauchemardesques. Voici quelques extraits de mon article :

> *Cela fait dix jours et le ghetto est dans un état fébrile. La journée, le ghetto est désert, à l'exception des Allemands qui courent d'une rue à l'autre pour rassembler leurs victimes. Personne ne se présente volontairement. Chaque recoin, chaque sous-sol, chaque grenier dissimule des vies secrètes. Les enfants gardent le silence lorsque les bottes des Nazis tapent à leur porte. La terreur se lit dans leur regard. Leurs petits doigts qu'ils enfoncent dans la chair de leur mère*

expriment leur peur, leur douleur, leur haine des bottes et leur amour pour la seule personne qui peut les sauver, selon eux : leur mère. Pour nous encourager à nous présenter de notre plein gré, Biebow, l'Allemand responsable du ghetto, nous a expliqué que ce transfert avait uniquement pour but de nous emmener dans un autre camp de travail parce que les Allemands ne voulaient pas nous livrer aux Russes. Personne ne l'a cru. Nous savions que c'était faux car nous connaissions déjà l'existence des camps de concentration et des cheminées. Nous voulions rester.

La nuit, le ghetto pouvait respirer un peu mieux. Les Allemands ne travaillaient pas la nuit. Les gens sortaient de leur cachette pour prendre l'air, s'approvisionner en eau, constater qui avait été emmené et qui était encore là, et peut-être trouver de la nourriture laissée dans les maisons abandonnées. Je retrouvais Chanale tous les soirs. Nous savions que c'était nos derniers jours ensemble, et nous ne savions pas ce qui nous attendait. Nous avions peur. Les rêves et les espoirs que nous nourrissions depuis si long-temps et que nous refusions à tout prix d'abandonner nous avaient abandonnées, eux, pour laisser place au désespoir.

Ma famille et moi nous cachions. L'entrée de notre cachette était une armoire en bois positionnée contre une cloison en contreplaqué qui séparait la chambre de la cuisine. Nous nous cachions dans la chambre. Nous étions vingt. Certains de nos voisins et leurs petits enfants se cachaient avec nous. La porte de notre appartement du deuxième étage avait été verrouillée de l'extérieur par un voisin malade dont la femme et la fille se cachaient avec nous. Il ne voulait plus se cacher. Les Allemands venaient dans les environs tous les jours. De l'aube au coucher du soleil, nous restions assis dans cette petite pièce sans parler. Nous essayions de ne pas écouter ce qui se passait sous notre fenêtre dans la cour. Les Allemands avaient enfoncé la porte de notre appartement plusieurs fois déjà. Ils avaient mis la pièce à sac mais n'avaient pas remarqué la fine cloison. Ils ne savaient donc pas que derrière l'armoire, vingt paires d'yeux étaient fixées sur l'entrée secrète, et que vingt paires d'oreilles écoutaient chacun de leurs mouvements. Nous étions muets, un silence de mort régnait dans notre chambre. Mais soudain, nous les avons entendus ouvrir la porte de l'armoire et fouiller à l'intérieur. Nous étions sûrs qu'ils allaient nous trouver. Nous avons commencé à nous lever, mais les yeux de mon père nous ont ordonné de rester assis. Ils ont fini par partir, et une légère agitation s'est emparée de nous. Nous nous parlions en chuchotant. Nous n'osions pas parler fort, comme effrayés par nos propres voix. Notre immeuble était déjà vide. Nous étions les derniers. Nous avions peur, mais en même temps nous étions heureux d'avoir réussi à rester chez nous un jour de plus. Une lueur d'espoir avait été rallumée dans nos cœurs par mon père qui n'arrêtait pas de murmurer : « Il y a de l'espoir, ne désespérez pas. Nous leur survivrons ! »

Nous partagions notre cachette avec nos amis proches et quelques voisins. Vers 22 h le 21 août 1944, nous étions tous assis autour d'une table, essayant de rassembler nos forces pour le jour suivant. Soudain, j'ai entendu quelqu'un haleter dans les escaliers. Pendant une minute, nous avons arrêté de parler et de respirer. Qui venait à cette heure-ci ? Mon amie Chanale s'est précipitée dans la pièce. Elle avait entendu parler du massacre dans notre rue, et avait accouru jusqu'ici. Elle avait crié mon nom, mais personne ne s'était présenté à la fenêtre. Elle pensait que nous étions partis. Je suis descendue avec elle, heureuse que nous ayons

*encore un soir à passer ensemble. Nous avons très peu
parlé. Quelque part, nous savions que c'était notre dernière
fois ensemble. Il était tard. Nous nous sommes prises dans
les bras mais sans nous dire « au revoir ». Nous ne voulions
pas que ce soit notre dernière séparation. Nous voulions
nous accrocher à quelque chose, espérant que nous aurions
encore d'autres jours à partager.*

*Les Allemands ont encerclé notre maison le lendemain, le
mardi 22 août 1944. Ils nous ont trouvés. Nous n'avons pas
prononcé un mot ni versé une larme. Après dix jours de
tension permanente, nous étions presque soulagés. Nous
avons pris nos sacs à dos qui renfermaient quelques objets
qui nous étaient chers, comme mon journal, quelques
photos et quelques vêtements chauds. Nous sommes
descendus et les soldats allemands nous ont menés jusqu'au
lieu de rassemblement. Des milliers d'habitants du ghetto
étaient déjà là. Nous avons ensuite été conduits à la gare et
chargés dans des wagons à bestiaux.*

*Je garde cette image dans ma mémoire : la chaleur
suffocante du wagon scellé, les corps écrasés les uns contre
les autres, le train s'arrêtant à une gare. Mon père se tient
sur les épaules de quelqu'un pour atteindre la minuscule
fenêtre à barreaux. Ses mains blanches s'agitent comme les
drapeaux blancs de la reddition et sa voix appelle quelqu'un
sur le quai : « Où allons-nous ? » Il se retourne vers nous et
je ne vois que le désespoir dans ses yeux lorsqu'il prononce
ces mots : « Ils disent que le train va à Auschwitz. » J'ai
appris après la guerre que Chanale est morte du typhus à
Bergen-Belsen, le camp où j'ai été libérée, quelques heures
avant la fin de la guerre.*

DANS LES CAMPS DE CONCENTRATION

Auschwitz était un camp de la mort dans lequel les gens étaient gazés et brûlés, alors que Bergen-Belsen était un camp de concentration. Je suis allée dans ces deux camps. Ils représentent des trous noirs dans ma mémoire, des lieux dans lesquels je n'aime pas descendre. J'ai peur des horreurs qui y sont tapies, toujours prêtes à m'agresser et à me priver de ma tranquillité et de mon bien-être.

Auschwitz ressemblait à un asile de fous. À notre arrivée, nous avons été éjectés des wagons à bestiaux et immédiatement encerclés de SS accompagnés d'énormes chiens et de personnes qui portaient des vêtements rayés. Il s'agissait des Juifs qui travaillaient à la gare. Nous n'avions le droit de rien emporter avec nous. Les hommes étaient séparés des femmes. Mon père nous a été enlevé et poussé vers une zone réservée aux hommes. Nous avons ensuite dû nous aligner en rangs, un officier SS passant devant chaque personne pour lui faire signe du pouce d'aller à droite ou à gauche. Nous ne savions pas à cette époque que cet officier SS était le tristement célèbre Dr. Mengele, aussi connu comme l'Ange de la Mort, ni que les personnes dirigées vers la gauche allaient directement en chambre en gaz, et celles orientées vers la droite en camp de travail. Les femmes de la file la droite, comme moi, ont été conduites dans une salle. Là, nos cheveux ont été rasés et tout nous a été enlevé, y compris nos noms. Nous nous sommes vu attribuer un numéro avant d'avancer, nues, par groupes de cinq jusqu'aux douches et de recevoir des robes et des chaussures de n'importe quelle taille. Après la douche, nous avons été conduites dans un champ entouré de barrières électriques où nous allions passer la nuit. Cet endroit était froid, humide et angoissant. Sorties de nulle part, des détenues déjà là depuis longtemps sont apparues. Elles avaient entendu dire qu'un convoi de femmes venait d'arriver de Lodz et elles cherchaient leurs proches. Elles nous ont chuchoté que nous devrions demander un travail au plus vite pour pouvoir quitter Auschwitz, car Auschwitz était un enfer.

Le matin suivant, nous avons été conduites jusqu'à des baraquements vides avec un sol froid en ciment où nous devions dormir. Tous les matins à l'aube, les SS nous faisaient sortir en rangs pour des heures interminables d'appel. Ils nous comptaient encore et encore, tout en hurlant, en nous bousculant et en nous frappant. Nous restions comme ceci, par rangs de cinq, la plus grande partie de la journée. En début de soirée, chaque groupe de cinq recevait une gamelle de soupe que nous partagions ensuite en buvant à petites gorgées, car nous n'avions pas de cuillère.

Quelques jours plus tard, nous avons entendu dire qu'ils constituaient des listes de femmes qui iraient travailler dans un autre camp. Nous nous sommes précipitées pour nous inscrire. Nous avons été cinq cent femmes, toutes du Ghetto de Lodz, à partir pour le petit camp de Sasel, près de la ville portuaire de Hambourg. Nous devions y construire des maisons préfabriquées pour les Allemands victimes des bombardements. Après Auschwitz, j'avais l'impression d'être au paradis. Pas de chambre à gaz, pas de cheminée et pas de chien malfaisant pour nous traquer. C'était malgré tout un camp de concentration, nous étions des détenues, les SS pouvaient faire ce qu'ils voulaient de nous, mais nous pouvions travailler et nous avions l'audace d'espérer que peut-être nous aurions plus de chance de survivre ici. Nous pouvions à nouveau appeler notre mère « mère » sans craindre qu'elle nous soit enlevée, une crainte qui ne nous quittait pas à Auschwitz. Les Nazis adoraient déchirer les familles. Ici nous avions des lits superposés et des couvertures pour dormir au lieu des sols en ciment d'Auschwitz. Nous avons eu la chance d'être placées dans un petit baraquement avec seulement treize femmes. Nous avons rapidement formé une famille, à l'écoute des peines de chacune. Une des femmes de notre baraquement est devenue la cuisinière des gardes SS du camp. De temps à autre, elle volait des restes, les tendait à ma mère, la plus âgée, la plus respectée et la plus appréciée de notre baraquement, qui se chargeait de les diviser en parts égales.

Nous étions réveillées à l'aube par une sirène stridente. Nous nous préparions rapidement pour l'appel, tandis que les personnes de corvée se précipitaient pour nous apporter du mauvais café et notre ration quotidienne de pain. Après l'appel, nous étions conduites jusqu'à notre lieu de travail, qui n'était pas à côté. Je me revois passer devant des maisons habitées par des Allemands avec des fenêtres à rideaux. Je me souviens que j'imaginais la vie paisible qui se cachait derrière ces rideaux. Peut-être que des enfants étaient en train de se préparer pour l'école, peut-être qu'un père partait travailler, ou peut-être qu'il y avait une table recouverte de nourriture. Cette vision me rendait nostalgique de ma maison accueillante et chaleureuse.

Nous sommes restées à Sasel d'octobre 1944 à mars 1945. Les journées étaient longues, le travail était dur et le temps humide, froid et déprimant. En fin de journée, nous nous mettions une nouvelle fois en rang pour être ramenées au camp où les SS nous fouillaient. Nous n'avions pas le droit de ramener quoi que ce soit au camp, ne serait-ce qu'un morceau de papier. Après la fouille, nous devions nous mettre en rang pour la soupe diluée qui constituait notre repas du soir. Peu après la soupe, les lumières étaient éteintes, signalant la fin d'une nouvelle journée.

Un soir pendant la fouille, des pelures de pommes de terre ont été trouvées dans les vêtements de deux filles. Les SS nous ont une nouvelle fois demandé de nous mettre en rang, nous ont tendu des bâtons, et nous ont dit que nous n'aurions pas le droit de manger notre soupe ni de retourner à nos baraquements tant que nous n'aurions pas toutes frappé les deux filles. Nous étions cinq cent femmes dans ce camp et pas une seule d'entre nous n'a levé la main. Les SS nous ont battues et menacées. Pourtant, nous refusions toujours d'exécuter leurs ordres. Ils ont apporté des casseroles de soupe dans la cour et les ont vidées dans la neige sous nos yeux. Nous sommes restées dehors, frigorifiées et affamées, tout au long de la nuit. Au matin, nous sommes parties au travail sans notre ration de pain. Aujourd'hui encore, je ne peux m'expliquer notre réaction spontanée, cette expression de solidarité envers les nôtres, ni le fait que nous n'ayons pas été sanctionnées plus durement.

Deux personnes en particulier sont restées gravées dans ma mémoire depuis cette période. L'une d'elles est Herr Herbert, un Allemand d'environ quarante-cinq ans. Il faisait partie des superviseurs sur notre lieu de travail et il s'est lié d'amitié avec nous très rapidement. Je ne sais pas ce qui l'a attiré chez nous. Peut-être ma mère. Peut-être a-t-il remarqué nos attentions et notre amour l'une envers l'autre. Sa gentillesse et sa bonté nous redonnaient confiance dans la bonté humaine et nous offraient de l'espoir. Il nous apportait de petites choses qui appartenaient à sa femme presque tous les jours, de petites choses qui faisaient que nous nous sentions humaines. Des choses comme des sous-vêtements décents, une robe de chambre en flanelle bien chaude que ma mère portait sous son manteau fin, des gants chauds ou de minuscules sandwiches. Herr Herbert cachait des pommes de terre pour nous qu'il avait volées dans les rations destinées aux travailleurs allemands. Nous en faisions entrer en douce quelques-unes à la fois dans le camp, même si nous savions que nous courions un grand risque. Nous les mangions crues avec notre ration quotidienne de pain pour nous remplir l'estomac. Parfois, il nous apportait un journal allemand nourrissant notre espoir de voir l'Allemagne nazie tomber. Herr Herbert m'appelait

« Sonia-Henie », comme la célèbre patineuse. Le 3 novembre 1944, le jour de mon dix-huitième anniversaire, je suis tombée malade d'une infection du sang et j'ai été autorisée à rester au camp pendant une journée. Lorsque Herr Herbert ne m'a pas vue au travail, il a demandé à ma mère ce qui s'était passé. Ma mère lui a dit que j'étais malade et que c'était mon anniversaire. En fin de journée, Herr Herbert a apporté à ma mère trois petites pommes pour fêter mon anniversaire, qu'elle a ensuite fait entrer en douce dans le camp. C'était vraiment un cadeau précieux car nous avions toutes les deux oublié le goût des pommes et de la bonté humaine.

Herr Herbert nous a dit qu'il avait un frère au Canada, et qu'il espérait y aller avec sa famille après la guerre. À cette époque, le Canada représentait une autre planète pour nous. Je ne sais pas ce qui est arrivé à Herr Herbert. Il ne nous a jamais précisé son nom de famille ni où il vivait, pour des raisons de sécurité j'imagine. Nous n'avons pas réussi à le retrouver après la guerre pour le remercier de son humanité, de sa bonté et de son sens moral. Je ne sais pas s'il avait compris qu'il représentait à nos yeux une lueur d'espoir qui nous a permis de traverser ces horribles mois. Je ne l'ai jamais oublié.

L'autre personne dont je me souviens au cours de cette période est Heltzia Dubner. Elle avait été mon professeur de latin pendant mes quelques semaines de lycée. Elle aussi était à Sasel, et nous sommes tombées l'une sur l'autre peu après notre arrivée. À l'époque, elle avait une trentaine d'années. Elle était seule, car elle avait perdu sa famille au cours d'une sélection à Auschwitz. Nous sommes devenues sa nouvelle famille. Ma mère, avec sa façon à elle de soutenir les gens et d'exprimer son amour et sa chaleur, a pris Heltzia sous son aile. Nous ne travaillions pas le dimanche, que nous passions à laver, repriser et nettoyer le baraquement avant l'inspection des femmes SS. Pourtant, en fin de journée, Heltzia venait jusqu'à nous et montait sur un lit superposé pour nous raconter ses voyages à travers le monde. Elle nous charmait et faisait tomber les murs du baraquement en nous faisant voyager avec elle. C'était une formidable conteuse. J'étais émerveillée par ses récits sur Paris, et c'est alors que je me suis fait une deuxième promesse : si je survivais, j'irais à Paris et si possible, je vivrais là-bas, au moins pendant quelque temps. Heltzia Dubner a survécu et s'est installée en Suède après la guerre. Elle est décédée il y a quelques années.

Les premiers mois de l'année 1945 ont été marqués à Sasel par de nombreuses alertes d'attaques aériennes. Elles signalaient aux Allemands qu'ils devaient se rendre dans leurs abris anti-bombardements. Les SS étaient terrifiés par les sirènes, qui étaient une douce musique à nos oreilles. Les SS se cachaient, mais nous sortions à découvert pour crier et chanter et faire signe aux avions alliés qui bombardaient l'Allemagne nazie. Nous commencions à réaliser que la fin était proche et nous priions pour rester jusque là à Sasel où nous avions une chance de survie. Pourtant, ce n'est pas ce qui s'est passé.

Début mars, nous avons été emmenées hors du camp, entassées une nouvelle fois dans des wagons à bestiaux et transbahutées d'un lieu à un autre pendant trois jours. Nous ne savions pas où nous allions, et à en juger par leurs visages ahuris, les gardes SS ne le savaient pas non plus. Dehors, le printemps approchait. Les gardes nous autorisaient à laisser la porte du wagon ouverte. Nous pouvions respirer le grand air et voir les arbres bourgeonner. D'une certaine manière, nous n'avons pas perdu espoir au cours de ce voyage jusqu'à ce que le train s'arrête et que nous commencions à marcher vers les portes d'un autre camp, Bergen-Belsen. Nous avons été poussées dans un immense baraquement vide. Dehors, nous voyions des montagnes de cadavres. Il n'y avait pas d'eau, de nourriture ni de travail ; seulement des appels interminables. Était-ce la fin ? On aurait dit qu'il n'y avait rien d'autre à faire que mourir ici. Pourtant, ma mère nous a interdit d'abandonner. Elle n'arrêtait pas de nous dire de tenir bon encore un peu, juste encore un peu. Nous n'avions aucune notion des jours ni des dates.

Un jour, nous avons remarqué qu'il n'y avait plus d'appel, et que les gardes portaient des brassards blancs. Pourtant, ils continuaient à nous tirer dessus au hasard. Nous ne comprenions pas la signification de ces brassards blancs. Nous pensions qu'ils étaient synonymes de reddition, mais dans ce cas, pourquoi continuaient-ils à nous tirer dessus ? Nous avions peur de quitter le baraquement à cause des coups de feu. En outre, nous étions trop faibles pour nous déplacer. Soudain, un matin, quelqu'un a frappé à la porte et nous avons entendu des voix crier en polonais « Ouvrez, nous sommes libres, libres, libres ! » Nous n'y croyions pas. Nous ne pouvions imaginer que c'était vrai. Était-ce enfin la liberté ? Si c'était le cas, nous n'avions pas la force de nous réjouir. Quelqu'un a lentement ouvert la porte verrouillée. Des soldats britanniques se tenaient là, le visage couvert de larmes, bouleversés par ce qu'ils venaient de voir à Bergen-Belsen. Nous avons su plus tard que ce jour-là était le 15 avril 1945. Nous étions libérés.

※　※　※

J'ai tout de suite pensé à mon père. Pouvait-il être quelque part dans le même camp que nous ? Peut-être que lui aussi avait survécu. Soudain, nous étions pressées de reprendre des forces. Nous devions partir à sa recherche.

La première action entreprise par les soldats britanniques a été d'alimenter le camp en eau. Ils ont ensuite commencé à distribuer des conserves de nourriture riche et grasse. Malheureusement, cette nourriture était trop riche pour nos estomacs rétrécis. Ma mère a eu l'intelligence de nous interdire d'y toucher. En effet, de nombreuses personnes en sont mortes. Elle s'est procuré quelques pommes de terre et les a fait bouillir dans de l'eau propre sur un feu qu'elle avait fait dehors. Nous avons été rapidement transférées vers un autre camp qui se trouvait aussi à Bergen-Belsen. Néanmoins, il ne s'agissait pas d'un camp de concentration. Celui-ci avait abrité une organisation de la Jeunesse hitlérienne. Nous avons été placées dans des maisons avec de belles chambres, des lits superposés confortables, suffisamment de couvertures pour nous réchauffer, ainsi que des draps et des oreillers. C'était un véritable luxe !

Pourtant, ma sœur Chava est tombée malade du typhus et nous étions mortes de peur et d'inquiétude. Heureusement, des équipes de docteurs des quatre coins de l'Europe étaient déjà en place pour sauver autant de vies que possible, et Chava s'est rétablie rapidement. C'était le début de l'été. Nos cheveux avaient commencé à repousser. Nos corps se remplumaient progressivement. Les soldats britanniques sifflaient parfois quand ils nous croisaient dans les couloirs et ils me surnommaient « Gingy » à cause de mes cheveux roux. J'étais contente qu'ils m'appellent comme ça. J'étais contente de la couleur de mes cheveux qui repoussaient. J'étais contente d'être en vie. L'été a été magnifique cette année-là.

RETOUR À LA VIE,
À LA RECHERCHE DU PÈRE

Ce n'est que lorsque je suis moi-même devenue mère que j'ai réalisé que ma mère, et les mères en général, ont vécu les horreurs de la guerre beaucoup plus intensément que ceux d'entre nous qui étaient plus jeunes. Ma sœur Chava et moi pouvions trouver une échappatoire dans nos livres, nos relations amicales et notre engagement auprès du Bund. Mais pour ma mère, notre survie était une préoccupation permanente. J'ai aussi compris que c'est grâce à son amour et son attention constante que nous avons tenu le coup. Elle nous nourrissait de ses encouragements continuels et veillait sur nous sans relâche. Tant qu'elle était auprès de nous, nous étions une famille et nous devions survivre pour ne pas la faire souffrir. Nous n'avons jamais parlé de Tatè, mon père. C'était trop douloureux. Nous n'avons pas osé espérer tout haut que le destin nous ait épargnées et nous ramènerait mon père. Pourtant, chacune de nous l'espérait secrètement.

Après le rétablissement de Chava à Bergen-Belsen, nos pensées sont revenues vers mon père. Il n'y avait que des femmes dans notre partie du camp. Progressivement, comme arrivés de nulle part, des hommes ont commencé à apparaître. Ils venaient de toute l'Allemagne à la recherche de leurs proches, mères, sœurs, épouses, filles et bien-aimées. Des conseils se sont formés dans tous les camps pour personnes déplacées afin d'organiser la vie du camp et de constituer une liste des survivants qui circulerait dans les autres camps.

Un vendredi soir, lors d'un _oyneg-shabbes_, ou rassemblement pour célébrer le Sabbat, Chava et moi avons remarqué un homme qui se tenait au milieu du terrain où le dîner se déroulait. Il était entouré de femmes qui appelaient les noms des hommes qu'elles recherchaient. Nous nous sommes approchées du groupe et nous avons immédiatement reconnu notre cousin Aryeh, qui vit aujourd'hui à Tel Aviv. Nous l'avons appelé. Il nous a regardées pendant une seconde puis il a couru vers nous, nous a prises dans ses bras et nous a embrassées, puis s'est mis à pleurer. Tout le monde autour de nous pleurait. Les gens pensaient que nous embrassions notre Tatè. Quelqu'un s'est ensuite précipité vers ma mère pour lui annoncer que le miracle s'était produit : notre Tatè avait survécu. Lorsque nous sommes retournées à notre chambre avec Aryeh, elle tremblait et pleurait, debout au milieu de la pièce, incapable de bouger. Mais elle a vite compris ce qui venait de se produire. Aryeh recherchait sa femme et ses deux filles. Elles n'avaient pas survécu.

D'autres hommes sont arrivés à Bergen-Belsen. Comme toutes les autres femmes qui recherchaient leurs proches, nous allions jusqu'à la grille d'entrée du camp tous les jours pour crier le nom de mon père. Nous espérions que quelqu'un parmi eux l'ait connu ou l'ait vu quelque part, ou au moins reconnaisse son nom. Et, en effet, un jour un homme est venu vers nous, nous demandant si nous recherchions bien Avrom Rosenfarb, celui qui avait travaillé à la coopérative du ghetto. Il connaissait Tatè et l'avait vu deux jours avant la fin de la guerre, donc nous pensions qu'il avait toutes les chances d'être en vie quelque part, peut-être dans un hôpital. Nous sommes retournées voir notre mère en courant en criant tout le long du chemin : « Ta est en vie ! Il est vivant ! Il est en vie ! »

Nous avons décidé que notre mère resterait à Bergen-Belsen au cas où mon père viendrait nous chercher et que Chava et moi partirions à sa recherche. Nous étions prêtes à le chercher dans toutes les villes et tous les villages d'Allemagne. Nous n'avions presque rien à nous mettre sur le dos, si ce n'est une veste et une jupe que ma mère nous avait confectionnées à partir d'une vieille couverture de camp de couleur bleue.

À l'époque, les routes n'étaient pas encore ouvertes à la circulation civile en Allemagne. Le Conseil juif de Bergen-Belsen nous a dit que nous devrions nous déplacer par nous-mêmes, c'est-à-dire faire du stop. Nous avons aussi été informées que toute l'Allemagne était soumise à un couvre-feu et que les gens n'étaient pas autorisés à marcher ni à voyager la nuit. Dans la plupart des villes, il y avait des Conseils juifs qui nous trouveraient un abri pour la nuit, mais dans les coins plus reculés, nous devrions contacter le maire pour trouver un abri dans un foyer allemand. C'est donc avec le cœur plein d'espoir, mais aussi avec la peur de l'inconnu que nous avons pris la route. Nous avons emporté quelques boîtes de conserve et cartouches de cigarettes pour le voyage. Nous n'avions pas d'argent, mais nous pourrions vendre les cigarettes et ainsi subvenir à nos besoins.

Pendant le voyage, j'ai vu des personnes noires pour la première fois. Il s'agissait de soldats américains. Jusqu'alors, je n'avais vu des Noirs qu'au cirque en Pologne. Chava et moi avons commencé à fumer. Nous étions parfois frustrées et énervées quand nous passions des heures debout avec nos pouces en l'air et qu'aucun véhicule ne s'arrêtait ; ou lorsque nous n'arrivions pas à trouver d'abri pour la nuit et que nous craignions de passer la nuit dans la rue. Ce n'est jamais arrivé pourtant. À la dernière minute, quelqu'un ouvrait toujours une porte pour nous offrir un lit.

À cette époque, on aurait dit que tout le monde en Allemagne était sur la route : des réfugiés allemands qui rentraient chez eux, des survivants des camps de concentration (dont certains portaient encore l'uniforme rayé) essayant de quitter le pays. Nous croisions parfois des groupes de soldats allemands désarmés détenus par des Alliés qui essayaient de déterminer s'il s'agissait en fait de SS déguisés. Nous faisions du stop d'une ville à l'autre en direction de

Munich et du camp voisin de Feldafing, qui accueillait les personnes déplacées.

Parfois, nous devions trouver un abri pour la nuit par nous-mêmes, en particulier dans les petites villes et dans les villages où il n'y avait pas de Conseil juif ni de maire pour nous aider. Nous frappions aux portes des foyers endormis jusqu'à ce que quelqu'un nous laisse entrer et nous permette de passer la nuit chez lui. Je me rappelle très bien d'une maison en particulier. Nous étions dans un trou perdu, épuisées et découragées car il semblait que personne ne voulait nous héberger. Pourtant, une porte a fini par s'ouvrir et une jeune femme nous a laissées entrer. Nous lui avons expliqué qui nous étions et quelle était notre destination. Elle n'a pas dit grand chose, excepté qu'elle ne savait rien de ce que nous lui racontions, que son mari n'était pas revenu de la guerre et qu'elle avait deux petits enfants. Elle nous a conduites jusqu'à la chambre qui nous était destinée pour la nuit. Un grand lit nous y attendait avec d'énormes oreillers blancs, des draps étincelants de propreté et des couvertures chaudes. Nous avons regardé dans la grande armoire pleine de vêtements. Nous avons pris deux fichus blancs, un pour Chava et un pour moi. Le lendemain matin, nous nous sommes levées tôt et nous nous sommes mises en position, pouces en l'air, sur la route. Nous avancions progressivement en empruntant des jeeps, des camionnettes, et même une fois un grand camion qui transportait des chevaux.

En arrivant dans chaque ville, nous nous dirigions directement vers le Conseil juif, s'il y en avait un, pour consulter la liste des survivants. Nous allions ensuite généralement dans les hôpitaux pour vérifier la liste des malades. Dans un hôpital, je ne sais plus lequel exactement, nous avons trouvé quelqu'un qui portait le nom de mon père, Avrom Rosenfarb. Je ressens encore les battements de mon cœur en voyant son nom, et mon immense tristesse en découvrant que cet homme n'était pas mon père.

Dans la ville allemande de Francfort, quelqu'un nous a dit au Conseil juif qu'un train allait partir pour Munich et nous a conseillé de nous rendre à la périphérie de la ville où le train marquerait un arrêt. À notre arrivée, un soldat américain montait la garde. Nous avons fait de notre mieux pour expliquer en allemand, Chava et moi n'ayant jamais appris l'anglais, qui nous étions et où nous voulions aller. Il a compris, et nous pouvions voir à quel point il était bouleversé par notre histoire. Il nous a promis d'arrêter le train, mais nous a fait comprendre que ce serait un train de marchandise car aucun train de voyageurs ne circulait pour l'instant. En attendant, il nous a donné du chocolat et des fruits, ainsi que son adresse en Amérique, au cas où nous irions là-bas.

Le soldat américain a arrêté le train qui se rendait à Munich, notre destination. Il transportait des montagnes de charbon en vrac. Il nous a aidées à grimper sur une pile. Il y avait déjà des gens assis sur le charbon qui étaient montés à bord un peu plus tôt. Ce n'était pas un voyage très confortable, mais nous étions contentes d'être assises sur du charbon en sachant que le lendemain nous serions à Munich. Nous n'avions pas de couverture et il pleuvait, mais quelqu'un a partagé sa couverture avec nous. Les passagers se racontaient leur histoire, qui ressemblait tellement à la nôtre. Tout le monde cherchait un proche. Tout le monde n'était pas juif. Je ne sais pas qui ils étaient, mais ça n'avait aucune importance à ce moment-là. Nous avions comme un lien de parenté avec eux ; ils étaient sans abri comme nous. Progressivement, la nuit a laissé place au jour. À un moment donné, Chava et moi nous sommes regardées et nous avons explosé de rire. Nous étions toutes les deux complètement bleues. Les tenues que notre mère nous avait fabriquées ne résistaient pas au lavage et sous l'effet de la pluie, chaque recoin de notre peau en contact avec le tissu était devenu bleu. Quel tableau. Finalement, nous sommes arrivées à Munich, où nous avons appris que nous devrions prendre un train jusqu'au camp pour personnes déplacées de Feldafing. Mais nous devions d'abord trouver une pompe à eau pour nous débarrasser de notre teint bleu et ne pas effrayer les gens.

Nous sommes arrivées à Feldafing avec le sentiment que, selon toute probabilité, notre père n'avait pas survécu. Nous avons rencontré des Bundistes dans le camp, qui avaient déjà établi des contacts dans toute l'Allemagne afin de trouver des survivants bundistes. Ils nous ont dit que notre père avait été transféré dans le camp de Dachau. Lorsque les Allemands ont compris que les Américains approchaient, ils ont mis tous les détenus des camps dans des trains pour les transférer ailleurs. Nous avons appris que des avions américains ont bombardé les trains et que de nombreux détenus ont été tués, dont mon père. Les Américains ont dû penser qu'il s'agissait de trains militaires. Nos amis bundistes nous ont entourées d'amour et d'attention et ont fait de leur mieux pour apaiser notre peine. Parmi eux se trouvait Zalmenke. Il est devenu notre ami jusqu'à la fin de sa vie. Il vivait à New York, mais venait nous rendre visite au Canada pour se réchauffer autour de notre feu de famille. Il nous aimait tendrement. Dans sa poche, il transportait toujours une image jaunie de sa femme et de ses deux petites filles, qui n'avaient pas survécu. Nous aimions beaucoup qu'il nous rende visite, et nous l'aimions beaucoup.

Le groupe de Bundistes est devenu comme une grande famille pour nous, et nous avons décidé de ramener notre mère à Feldafing. À notre retour à Feldafing avec notre mère, nos amis ont organisé une grande fête pour fêter mon dix-neuvième anniversaire. C'était la première fête pour nous tous, et étant donné que j'étais la plus jeune d'entre eux, mon anniversaire était une bonne excuse pour une soirée. Nous avons beaucoup chanté, mangé et bu. Quelqu'un a même fait un gâteau pour l'occasion.

Nous avons finalement repris espoir et commencé à faire des projets d'avenir. Chava et moi voulions rentrer en Pologne et retourner à l'école. Nous avions entendu dire que les écoles y étaient gratuites désormais. En outre, la Pologne était notre patrie d'origine et il nous semblait logique d'y retourner car nous n'avions nulle part ailleurs où aller. Les gens rentraient chez eux, en France, en Belgique, aux Pays-Bas, mais ma mère ne voulait pas rentrer. Elle n'arrêtait pas de nous répéter que personne ne nous attendait là-bas. La Pologne, le pays de notre naissance, n'était pas très accueillant envers nous, les Juifs.

À cette époque, les groupes bundistes des États-Unis et du Canada ont commencé à envoyer de l'argent aux groupes bundistes des camps pour personnes déplacées et dans toute l'Europe pour aider leurs membres à prendre un nouveau départ. Nous repartions vraiment de zéro. Nous portions des vêtements donnés par des Américains, des vêtements horribles. Nous rêvions d'une vie normale, d'une maison normale et de vêtements décents. Nous voulions quitter l'Allemagne au plus vite. La direction bundiste de Feldafing a reçu de l'argent du Bund américain pour organiser des passages clandestins de groupes de Bundistes en Belgique. À Bruxelles, des Bundistes les accueillaient et les aidaient à obtenir des papiers. Nous sommes parties avec un groupe de huit femmes, et nous avons été le deuxième groupe à partir de cette façon. Nous n'avions pas de bagages, mais nos cœurs étaient remplis d'espoir, et nos têtes remplies de rêves. Pourtant, quand nous sommes arrivées à la frontière belge, le passeur a décidé qu'il ne voulait pas risquer la prison et nous a abandonnées au milieu de nulle part. Devant nous se trouvait la frontière belge et derrière nous, l'Allemagne. Nous étions entre les deux. Avant notre départ, il avait été décidé qu'une fois à l'abri du côté belge, nous remettrions au passeur un papier, dont nous avions préparé le texte avec nos amis de Feldafing, les informant que le passeur avait bien fait son travail. Le passeur allemand nous a réclamé ce papier, bien qu'il ne nous ait pas aidées. Nous avons avisé nos amis par langage codé que le passeur nous avait laissé tomber et qu'ils ne devaient pas le payer ni faire à nouveau appel à lui. En attendant, nous étions dans un no man's land, plus en Allemagne et pas encore en Belgique.

Il était tard et la nuit était très sombre et hostile. Nous ne savions pas quoi faire, si nous devions rebrousser chemin ou continuer. Au loin, nous avons vu ce qui ressemblait à une lumière derrière une fenêtre. Nous nous sommes approchés lentement. Nous pensions que la lumière venait d'une maison qui se trouvait encore du côté allemand. Le groupe a décidé qu'une fois à proximité de la maison, Chava frapperait à la porte. Nous autres nous cacherions derrière les arbres. Chava a frappé à la porte qui s'est ouverte. Une femme est apparue et Chava lui a expliqué qu'elle était une ancienne détenue d'un camp de concentration et qu'elle voulait rejoindre Bruxelles. Elle lui a demandé si elle pouvait l'aider. Nos cœurs battaient la chamade. La femme lui a répondu : « Ya ». Chava l'a vivement remerciée, puis lui a annoncé qu'elle n'était pas seule mais accompagnée de sa famille, sept personnes et que nous voulions tous aller à Bruxelles pour y retrouver des parents. Chava lui a demandé si nous pouvions entrer. La femme nous a ouvert la porte et nous sommes entrées, soulagées. Elle a mis de la nourriture et une boisson chaude sur la table. Il y avait aussi un homme dans la pièce. Nous leur avons raconté notre tentative infructueuse de traverser la frontière. Je ne sais pas si les personnes qui se trouvaient dans cette maison étaient eux-mêmes des passeurs, ou s'ils ont tout simplement décidé de nous venir en aide, notamment parce que nous leur avons dit qu'ils seraient amplement récompensés s'ils nous emmenaient jusqu'à Bruxelles. Nous avons passé la nuit dans cette maison accueillante. À l'aube, nous avons été informées qu'un bus scolaire nous attendait devant la maison. Nous sommes montées

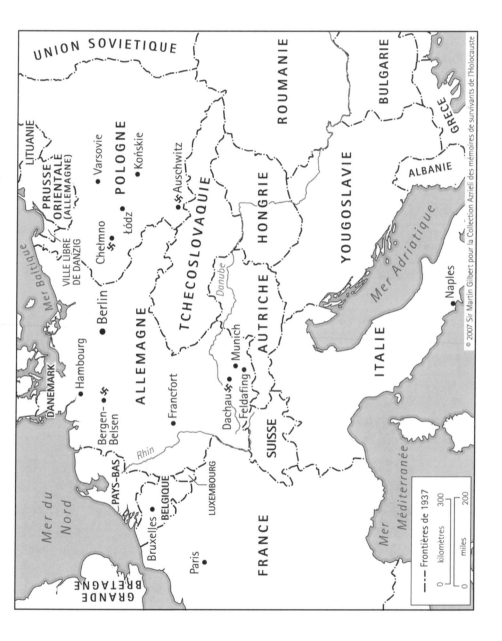

UNION SOVIETIQUE

LITUANIE

PRUSSE ORIENTALE (ALLEMAGNE)

VILLE LIBRE DE DANZIG

Mer Baltique

Varsovie

POLOGNE

Końskie

Chełmno

Łódź

Auschwitz

Berlin

Hambourg

DANEMARK

Bergen-Belsen

ALLEMAGNE

Francfort

Rhin

PAYS-BAS

Mer du Nord

Bruxelles

BELGIQUE

LUXEMBOURG

Paris

FRANCE

GRANDE BRETAGNE

TCHECOSLOVAQUIE

Danube

Munich

Dachau

Feldafing

SUISSE

AUTRICHE

HONGRIE

ROUMANIE

BULGARIE

GRECE

ALBANIE

YOUGOSLAVIE

Mer Adriatique

ITALIE

Naples

Mer Méditerranée

© 2007 Sir Martin Gilbert pour la Collection Azrieli des mémoires de survivants de l'Holocauste

Frontières de 1937

kilomètres   300

miles   200

0   0

La sœur de Henia, Chava ; son père, Avrom Rozenfarb ; Henia ; et sa mère, Simma (Pologne, 1936)

Tziotzia Adele, tante de Henia (en bas à gauche), avec sa famille (Pologne, années 1930)

Défilé du Bund (Bruxelles, vers 1948). Henia se trouve à droite sur la photo.

Avec des amis lors d'un camp Bundiste (Belgique, 1948). Henia se trouve à droite sur la photo.

La mère de Henia, Simma Rozenfarb (Belgique, fin des années 1940)

Bono Wiener, activiste du Bund
(Pologne, date inconnue)

De gauche à droite : Chava, sœur de Henia,
Henry Morgentaler, mari de Chava, Simma,
mère de Henia, et Henia à Bruxelles

Henia et sa meilleure amie, Krysia (Paris, fin des années 1940)

Henia (Bruxelles, vers 1948)   Nochem (Paris, vers 1948)

Henia (Bruxelles, fin des années 1940)

△ Chava Rosenfarb, la sœur de Henia
◁ Henia et Nochem (au nord de Toronto,
   vers 1950)

Henia et Nochem (Toronto, 1950)

Simma Rozenfarb avec Adele,
la fille de Henia (Toronto,
1953)

Henia et sa fille Adele (Toronto, 1953)

Henia et sa meilleure amie, Krysia (Toronto, années 1980)

Avrom, dit « Bamie », fils de Henia, Henia, sa fille Adele et Nochem, au mariage d'Adele (Toronto, 1980)

à bord et nous sommes allongées sur le sol pour passer inaperçues. Après un court trajet, le chauffeur nous a dit que nous étions en Belgique. Deux taxis nous attendaient déjà pour nous emmener jusqu'à Bruxelles. Nous connaissions l'adresse du Bund et du Cercle[12] amical de secours mutuel par cœur. Nous étions en début de soirée lorsque les taxis se sont arrêtés devant la maison de la Rue de Goujon où se trouvait le Cercle amical. Les membres bundistes de Bruxelles nous attendaient toujours sans savoir ce qui nous était arrivé. Nos amis de Feldafing qui avaient traversé la frontière avant nous étaient là également. Néanmoins, le groupe parti après nous avait été arrêté et emprisonné en Belgique pendant quelque temps. Tout le monde se prenait dans les bras et s'embrassait, riait et pleurait. Nous avions réussi. Les passeurs ont reçu leur récompense et avant de partir, ils ont été invités à se joindre à nous pour le dîner. Ils n'arrivaient pas à croire que les gens qui avaient payé notre traversée et qui nous avaient accueillies n'étaient pas des proches, mais bien des inconnus. Et nous n'arrivions pas à croire que nous avions eu autant de chance. Nous étions sortis d'Allemagne et des camps. Nous étions « enfin libres », pour de bon. Nous étions en octobre 1945.

---

12 Le Cercle amical était une association d'entraide du Bund. Voir le glossaire.

Il est difficile d'imaginer ce que l'on ressent lorsqu'on est libéré dans une belle ville comme Bruxelles après des années d'enfermement dans un ghetto et dans des camps. Nous ne savions pas quoi faire en premier lieu. Chava, ma mère et moi portions toujours les habits que nous avions reçus dans les camps pour personnes déplacées : des chaussures jaunes, des chaussettes vertes et un manteau bleu. Tout nous avait été donné par la communauté juive américaine. Dans notre accoutrement, nous ne nous fondions pas du tout dans la population locale très bien apprêtée, mais nous nous en moquions. Et pourtant, par habitude, nous continuions à regarder derrière nous de temps en temps pour vérifier qu'aucun soldat allemand ne nous suivait. Nous avons passé nos premiers jours à Bruxelles dans un grand magasin à monter et descendre l'escalator en riant à gorge déployée et en nous extasiant devant ce spectacle. Nous n'avions jamais rien vu de tel auparavant. Nous avons aussi passé une journée entière allant d'un cinéma à l'autre. Non que nous comprenions de quoi parlaient les films, car nous ne parlions pas du tout français à l'époque, mais nous n'avions pas été au cinéma depuis six ans.

Néanmoins, nous avons rapidement dû commencer à chercher un endroit pour vivre et un travail. Nous étions hébergées par une famille bundiste, mais nous ne voulions pas être assistées par les organisations juives. Nous voulions pouvoir nous débarrasser une bonne fois pour toutes de nos chaussures jaunes, acheter nos propres chaussures et tout ce dont nous avions besoin. Mais quel genre de travail pouvions-nous trouver ? Nous n'avions aucune compétence.

Pendant les années de guerre, Chava et moi avions rêvé de poursuivre nos études, si jamais nous survivions à la guerre. Cependant, cette possibilité était à exclure dorénavant car nous ne parlions pas français, la langue parlée à Bruxelles. En outre, nous devions gagner notre vie. Nous avons donc décidé d'apprendre un métier. Chava et moi nous sommes inscrites dans un centre de formation professionnelle pour apprendre la couture. Il était tenu par l'ORT (Organisation de réhabilitation et de formation), une institution caritative qui proposait des formations pour les Juifs du monde entier. En tant que survivantes de camps de concentration, nous avions le droit de suivre les cours gratuitement et nous recevions même de l'argent de poche. Pourtant, nous avons vite réalisé que nous ne pourrions pas suivre la discipline exigée au sein d'une école, comme lever la main pour pouvoir prendre la parole ou demander la permission d'utiliser les toilettes. Ce sont des règles importantes dans un établissement scolaire, mais nous avions passé l'âge d'obéir à ces ordres. Qui plus est, après les années de soumission que nous venions de supporter, nous ne voulions pas à nouveau nous plier à une discipline stricte. Nous sommes donc parties.

À cette époque, certains réfugiés ouvraient des ateliers chez eux, acceptant du travail des usines, notamment dans l'industrie vestimentaire. J'ai commencé à travailler dans ce type d'atelier à domicile, en apprenant à réaliser des finitions à la main. J'allais d'atelier en atelier, en fonction des formations proposées pour un petit pécule, jusqu'à ce que je devienne assez qualifiée. J'ai finalement trouvé un bon travail, non loin de chez nous. Les personnes pour qui je travaillais étaient d'une extrême gentillesse, des survivants des camps de concentration sans enfants. Ils me traitaient comme un membre de la famille. Il y avait d'autres gens qui travaillaient dans cet atelier. Je travaillais douze heures par jour, de huit heures du matin à huit heures du soir, avec une heure de pause déjeuner que je passais à la maison. Le samedi, je travaillais jusqu'à deux heures de l'après-midi. J'étais bien payée, et le samedi, j'achetais des *nasheray*, des encas comme du chocolat et de la halvah que je ramenais à la maison, ainsi que l'argent que j'avais gagné. Je remettais mes gains à ma mère qui me donnait en échange de l'argent de poche pour couvrir tous mes besoins. J'enseignais aussi le yiddish à l'école du Cercle amical trois fois par semaine. Je quittais mon travail pour me rendre à l'école avant de revenir pour finir ma journée de travail deux fois par semaine, et je donnais un cours le dimanche matin. C'était le début de ma carrière d'enseignante, et un moyen pour moi de gagner ma vie tout en respectant la promesse que je m'étais faite pendant la guerre. J'adorais Bruxelles et même si je menais une vie dure, j'étais, à ce qu'on m'en rapportait, jeune et jolie. J'adorais la vie.

Notre cercle d'amis s'élargissait en permanence. De nombreux Juifs polonais qui avaient passé la guerre dans des camps de concentration ou en Russie affluaient en masse en Belgique. Le Cercle amical de Bruxelles était l'un de nos lieux de rassemblement. Nous avons rejoint le groupe bundiste de Bruxelles, où nous avons créé un club de sport inspiré du *Morgenshtern*, celui de la Pologne d'avant-guerre. Je faisais aussi partie d'un club de théâtre qui donnait des représentations. Nous organisions des camps d'été dans la campagne belge ou au bord de mer. Nous avons organisé une fois un camp international pour les jeunes Bundistes de Londres, Paris et Bruxelles. Quel été formidable ! Je me suis fait des amis de toute une vie dans ce camp. Nous avions l'impression que nous avions le monde entier à explorer. Je travaillais, et finalement ma mère a pu s'installer dans un petit appartement très agréable à proximité du Cercle amical. Chava s'était mariée et vivait dans le quartier.

C'est à cette époque que mon amie Krysia est entrée dans ma vie. Pour mon vingtième anniversaire, Krysia m'a apporté une chaussure d'une paire que nous avions admirée dans une vitrine de magasin, mais que je n'avais pas les moyens d'acheter. J'ai acheté la deuxième chaussure moi-même. C'était ma première paire de belles chaussures en daim beige.

Peu après, j'ai fait mon premier voyage à Paris. J'avais déjà des amis là-bas, que j'avais rencontrés dans l'un des camps d'été du Bund. La première conférence internationale de la jeunesse socialiste s'est déroulée à Paris après la guerre et le mouvement de la jeunesse bundiste belge m'a envoyée là-bas avec deux garçons en tant que délégués. Nous n'avions pas de visa pour entrer en France car à l'époque les réfugiés ne pouvaient pas obtenir de visa. Nous avons pourtant réussi, sur de bons conseils, à nous glisser en douce dans la ville de Lille avant de prendre le train jusqu'à Paris. J'étais enfin dans la ville de mes rêves. Je suis immédiatement tombée amoureuse de Paris, et j'y ai passé deux semaines avec une amie.

Lorsque je suis rentrée en Belgique, j'ai commencé à réfléchir à un moyen de tenir la deuxième promesse que je m'étais faite, vivre à Paris, lorsqu'une opportunité s'est présentée. J'ai entendu dire qu'il existait un établissement qui formait des professeurs d'hébreu et de yiddish en trois ans. Ce cursus semblait fait pour moi. Je pourrais recevoir un certificat d'enseignement et devenir un professeur qualifié à Paris.

J'ai écrit une lettre à l'école en parlant de moi et des raisons pour lesquelles je souhaitais fréquenter cette école et devenir professeur de yiddish. Quelques jours plus tard, j'ai été convoquée à un entretien. J'étais très impatiente mais aussi inquiète. Je me demandais comment j'allais pouvoir rejoindre Paris cette fois. Je savais déjà qu'en tant que réfugiée, je ne pouvais pas quitter la Belgique car je ne pourrais pas revenir. Il n'y avait qu'un moyen d'y arriver : refaire le même chemin que la dernière fois, mais toute seule cette fois.

Revêtue de mes plus beaux vêtements, je me suis rendue à Paris, j'ai passé mon entretien et j'ai été acceptée. L'école m'a même autorisée à suivre les cours en deux ans au lieu de trois. En rentrant à Bruxelles, je devais trouver un moyen de m'installer à Paris en toute légalité. Je ne sais plus à quelle époque de l'année nous étions, mais les élèves les plus âgés du Cercle amical de Bruxelles se rendaient aussi à Paris. Le principal connaissait mes intentions et il a été décidé qu'avec deux autres professeurs, j'accompagnerais officiellement les étudiants à Paris, et que j'y resterais. L'école de Paris a accepté de s'occuper de mon visa. Mes amis qui habitaient à Paris m'ont loué une minuscule chambre dans un hôtel décrépit où certains de mes amis vivaient déjà. J'ai reçu une petite bourse établie par une famille bundiste belge destinée aux jeunes réfugiés qui voulaient poursuivre leurs études. L'école du Cercle amical de Paris m'a proposé de donner des cours, ce qui me permettait de subvenir à mes besoins. Ma mère me soutenait de tout son cœur dans mes projets et elle était aussi enthousiaste que moi, pourtant je savais à quel point notre séparation serait difficile pour elle. Ma mère me donnait tout l'amour qu'elle avait à m'offrir.

L'Hôtel Côte d'Or était bien placé, à proximité d'une bouche de métro et du centre-ville. J'avais, dans ma minuscule chambre, un lit qui me permettait d'atteindre l'évier et la fenêtre d'un côté, avec une petite table et la porte d'entrée de l'autre côté. Il y avait un petit placard pour mes vêtements, avec un tiroir en bas pour les aliments. La nourriture était encore rationnée à l'époque mais je mangeais à ma faim. J'ai rendu ma minuscule chambre confortable et chaleureuse et je me sentais vraiment chez moi. J'ai commencé mes cours et j'ai fait la connaissance de mes collègues et professeurs. Les élèves étaient tous de jeunes survivants et les professeurs étaient des spécialistes réputés. Je parlais déjà assez bien français. Paris regorgeait de musique, de théâtre, d'art et de bons moments. J'étais très heureuse. J'étais aux anges et je trouvais que j'avais énormément de chance. J'étais à Paris et j'étudiais. Je donnais aussi des cours à l'école du Cercle amical trois fois par semaine. Le week-end, je sortais avec mes jeunes amis bundistes. Nous allions au théâtre ou nous nous baladions sur les boulevards qui ne désemplissaient pas.

De temps en temps, je rentrais à Bruxelles pour voir ma famille et mes amis. J'étais devenue une experte pour traverser la frontière illégalement. Mon amie Krysia venait me rendre visite tout aussi illégalement. Une de ses visites m'a particulièrement marquée. Krysia est venue passer le réveillon du Jour de l'an avec mes amis et moi et je l'ai accueillie chez moi. Je devais suivre des cours ce jour-là, et alors que je me préparais pour l'école, j'ai entendu du vacarme dans l'entrée. Je suis sortie et j'ai vu un policier au bout du couloir.

Je savais ce qui était en train de se passer. Les policiers inspectaient régulièrement les hôtels et autres endroits qui abritaient des réfugiés. Ils vérifiaient si les locataires avaient un permis de séjour car la ville hébergeait un grand nombre d'immigrants clandestins à l'époque. Je n'avais pas peur car non seulement j'avais l'autorisation de vivre en France, mais j'avais aussi une carte d'identité qui attestait que j'étais « Professeur en langue Yidiche ». La police avait énormément de respect pour ce titre. Mais Krysia était dans l'illégalité, et si elle se faisait prendre, elle risquait la prison. Je suis retournée à ma chambre, j'ai dit à Krysia de s'habiller rapidement et de se cacher sous le lit. J'ai fait mon lit du mieux possible et lorsque j'ai entendu la concierge approcher de ma chambre, j'ai ouvert la porte. Avec mon cartable et ma carte en main, un grand sourire et le « Bonjour Madame » le plus aimable du monde, j'ai dévalé les escaliers. Je n'aimais pas cette concierge, car elle volait le chocolat et le café dans les colis que ma mère m'envoyait, et j'étais donc contente de pouvoir la duper. Je ne suis pas allée à l'école ce jour-là. J'ai attendu de l'autre côté de la rue dans un café jusqu'à ce que je voie la police quitter l'hôtel. Krysia est sortie de sa cachette et nous sommes allées nous balader dans les rues de Paris. Nous étions d'humeur joyeuse ; nous n'arrêtions pas de rire bêtement et de faire les idiotes, fières d'avoir trompé la police. Dans une rue très élégante, nous sommes passées devant une vitrine où étaient exposées de superbes photos. Nous nous sommes arrêtées pour admirer les images lorsqu'une merveilleuse idée nous est venue à l'esprit. Et si nous nous faisions prendre en photo ici et maintenant pour pouvoir un jour montrer à nos petits-enfants à quoi nous ressemblions étant jeunes ? Cette séance nous a coûté une fortune, mais nous étions ravies. Les photos étaient superbes et nous nous sommes promis de les afficher chez nous, où que nous habitions. Et c'est ce que nous avons fait.

Paris était surnommée la Ville Lumière, non seulement en

raison de sa beauté, mais aussi parce que c'était une ville qui faisait toujours de la place aux réfugiés, aux personnes opprimées et persécutées dans leur pays d'origine. C'était une ville riche dans tous les domaines artistiques, alors que la guerre venait juste de se terminer. C'est à Paris que j'ai appris à aimer la belle musique et le théâtre, et à apprécier la peinture. Je visitais souvent le Louvre, et je me suis familiarisée avec les noms et les œuvres des plus grands. J'y ai vu les peintures de Marc Chagall et de Vincent Van Gogh pour la première fois, et j'en suis tombée amoureuse. Paris regorgeait de personnages et de lieux intéressants, et je voulais tous les rencontrer et les voir. Une fois, alors que j'assistais avec mes amis à une conférence donnée par un écrivain yiddish, j'ai senti quelqu'un derrière moi me tirer les cheveux. Je me suis retournée et j'ai vu le visage souriant d'un jeune homme que j'avais rencontré lors d'un rassemblement bundiste. Je ne voulais pas perturber la conférence, donc je n'ai rien dit, mais j'étais très en colère. Après la conférence, je suis allée le voir et je lui ai demandé, en criant presque de rage : « Pourquoi tu m'as tiré les cheveux ? Tu n'as rien de mieux à faire ? »

– Je n'ai pas pu m'en empêcher, tes cheveux ne demandaient que ça, m'a-t-il répondu. C'était Nochem, mon futur mari.

Lorsque Chava est partie au Canada avec son mari Henry, ma mère est venue vivre avec moi à Paris. Elle aussi est venue illégalement. Le Cercle amical de Paris a réussi à lui obtenir un permis pour légaliser son séjour. En prévision de son arrivée, j'ai déménagé dans une chambre plus grande, à l'étage au-dessus, au troisième. J'ai acheté un petit réchaud à gaz, des casseroles et de la vaisselle pour que nous soyons mieux installées. Je savais que ma mère n'aimerait pas manger à l'extérieur comme je le faisais, sans compter que nous n'avions que très peu d'argent. Nous prévoyions aussi que d'ici un an, nous aussi partirions pour le Canada. Dès que Chava est arrivée au Canada, elle a commencé à faire les papiers qui nous permettraient d'immigrer nous aussi. À cette époque, la plupart de nos amis avaient déjà quitté l'Europe. Certains ont émigré aux États-Unis, d'autres au Canada, et d'autres encore en Australie. Mon futur mari Nochem est parti au Canada en 1949.

J'ai poursuivi ma formation, et j'ai été élue major de ma promotion. C'était un événement important pour moi. Non seulement j'avais tenu les deux promesses que je m'étais faites, mais en plus j'étais désormais professeur de yiddish diplômée. Je pensais que cela me permettrait d'enseigner dans n'importe quelle école yiddish. De nombreux écrivains yiddish des États-Unis et d'Europe sont venus participer à cette première remise des diplômes. Nous étions les premiers enseignants de yiddish et d'hébreu diplômés d'après-guerre. La salle était bondée. Ma mère était assise au premier rang, rayonnante. Je portais une robe neuve pour l'occasion. La mère et le beau-père de Krysia, qui vivaient à Paris à l'époque, sont venus également. Son beau-père partait souvent en déplacement professionnel aux États-Unis et il m'avait rapporté d'un de ses voyages une belle robe bleu marine. J'ai porté cette même robe pour mon mariage et pour toutes les fêtes associées.

Ma mère se sentait bien à Paris avec mes amis dans notre minuscule et peu confortable logement. Elle ne se plaignait jamais. Mes amis l'adoraient, et pour moi, c'était une occasion en or d'apprendre à la connaître pas seulement en tant que mère, mais aussi en tant que femme, en tant que personne, et en tant qu'amie. J'avais toujours eu tant de questions à lui poser sur son enfance et ses nombreux frères et sœurs, dont certains habitaient à Lodz, et d'autres en Argentine. Je lui ai demandé de me parler de mon père et de leur rencontre. Ma mère adorait me faire partager son passé. Un lien très fort s'est tissé entre nous.

J'ai passé l'été 1950 à travailler comme conseillère dans un camp pour enfants juifs, dont la plupart avaient perdu leurs parents pendant la guerre. Le camp s'appelait *Ika Haym*, en hommage à une résistante juive tuée par les Allemands. J'étais autorisée à emmener ma mère avec moi et c'est là-bas, le 8 août, que nous avons reçu un télégramme nous informant que Chava avait donné naissance à une petite fille qui portait le nom de la mère d'Henry, Goldie. C'était le premier petit-enfant de ma mère, et ma première nièce. J'étais folle de joie. Pourtant, ma mère ne pouvait pas s'empêcher de pleurer, ce que j'avais du mal à comprendre à ce moment-là. Pour célébrer l'événement, j'ai organisé une fête pour les employés. J'ai apporté du vin, et le cuisinier du camp a préparé des sandwiches et des biscuits. Tout le monde a accepté l'invitation, à l'exception de ma mère.

« Pardonne-moi, mon enfant, m'a-t-elle dit. Va chanter et danser. Il y a beaucoup de choses à fêter. Nous avons survécu pour de bon, mais je vais rester ici pour l'instant.

– Mais pourquoi ? Je n'arrêtais pas de lui demander.

La soirée était organisée en son honneur pour fêter l'arrivée de son premier petit-enfant. Mais elle ne s'est pas jointe à nous ce soir-là.

Ce n'est que plusieurs années plus tard, quand je suis à mon tour devenue grand-mère et que j'ai pu tenir dans mes bras mes petits-enfants, que j'ai compris sa tristesse. Elle avait besoin d'être auprès de sa fille, de tenir son premier petit-enfant dans ses bras. Et peut-être aussi que ses larmes coulaient parce que son mari, mon père, n'était pas là pour partager ce miracle avec elle, et l'importance de cet événement pour la perpétuation de notre famille.

Les papiers qu'il nous fallait pour entrer au Canada sont arrivés, et ma mère et moi nous sommes préparées à quitter l'Europe. Nous devions voyager par bateau, car rares étaient ceux, et encore moins les réfugiés, qui pouvaient prendre l'avion. Tous nos frais de voyage étaient réglés par l'American Joint Distribution Committee (JDC), une organisation juive américaine qui vient en aide aux réfugiés juifs. Avant de recevoir notre visa d'entrée pour le Canada, nous avons dû passer un examen médical et des entretiens à l'ambassade canadienne. Nous remplissions toutes les conditions nécessaires et devions quitter Paris début janvier 1951. J'étais très triste de quitter mes amis, mes élèves et mes collègues. J'ai toujours une photo prise lors de ma soirée d'adieu. J'ai l'air sombre et triste dessus, entourée des enfants que j'aimais tant. Nous nous sommes écrit pendant de nombreuses années.

SUR LE BATEAU

Nous avons quitté Paris début janvier 1951. Tout ce que nous possédions se résumait à une malle (que j'ai encore aujourd'hui) remplie de livres, et à quelques valises. Nous sommes parties très tôt le matin. L'atmosphère était aussi maussade que moi : il faisait encore nuit et il pleuvait. Le train nous a emmenées de Paris à Naples, en Italie. De là, nous avons pris un bateau qui nous ferait traverser l'Atlantique. Jusqu'à l'arrivée du bateau, nous sommes restées dans le grand hall d'un immeuble avec des centaines de gens, tous des réfugiés de différentes nationalités. Beaucoup d'entre eux étaient juifs. Nous allions tous devenir des *shifshvester un brider*, c'est-à-dire des frères et sœurs de bateau.

Nous avons attendu cinq jours à Naples. Certains sont allés visiter Pompéi, mais ma mère et moi avons exploré Naples sous toutes les coutures. Le premier jour, j'ai remarqué que les gens me dévisageaient, me montraient du doigt et riaient. J'ai demandé à ma mère si j'avais quelque chose sur le visage ou sur mes vêtements. Je ne comprenais pas ce qui se passait jusqu'à ce que j'entende des gens dire d'un ton moqueur « pantalone », et quelque chose d'autre, que je n'arrivais pas à comprendre. Je savais que « pantalone » voulait dire « pantalon », comme en français. Je portais un pantalon noir qu'un ami proche avait confectionné pour moi avant que nous quittions Paris. Je portais aussi un beau coupe-vent noir et un béret en velours noir que j'avais acheté avant de partir. Je trouvais que j'avais l'air très chic. Pourquoi se moquaient-ils donc de moi ? J'ai appris plus tard qu'à l'époque, les femmes ne portaient pas de pantalon en Italie. La vue d'une femme en pantalon les faisait donc beaucoup rire.

Nous avons eu la chance de pouvoir monter sur le très élégant navire *Nea Hellas*, un bateau à vapeur grec. De nombreux réfugiés, y compris mon mari Nochem, ont fait la traversée à bord d'un navire marchand. Nos cabines étaient sur le pont inférieur mais très propres et confortables. Des serveurs aux gants blancs nous apportaient notre repas dans une très belle salle à manger sur des tables recouvertes de nappes blanches. Le navire transportait aussi des passagers privés mais aucune différence n'était faite entre eux et les réfugiés, si ce n'est pour l'emplacement des cabines. Du vin et de la musique accompagnaient chaque dîner et chaque soirée. Ce voyage était amusant, jusqu'à ce que certains passagers aient le mal de mer. Je me sentais bien, mais ma mère était très malade et elle a passé six jours entiers dans la cabine. Elle m'a malgré tout rejointe sur le pont le matin où nous avons aperçu les côtes canadiennes. Nous approchions de Halifax.

Le train nous a emmenées de Halifax à Montréal. C'était un long voyage. Nous étions fatiguées et légèrement inquiètes, mais aussi impatientes de retrouver ma sœur Chava et notre petite Goldie. Nous avons traversé de grands espaces recouverts de neige, avec une maison isolée de temps en temps. Pas de ville, pas une âme, juste des étendues désertes. Est-ce que c'était ça le Canada ? Nous n'avions pas la réponse. Personne ne semblait l'avoir. Les gens ne parlaient pas beaucoup. Nous restions tranquillement assises à nos places, le visage collé aux fenêtres. Un jour est passé, puis une nuit, et enfin les champs ont commencé à disparaître. Les gens ont commencé à se réveiller. Nous approchions de Montréal. Je me tenais devant la porte ouverte du train alors que nous entrions dans la gare, et soudain j'ai entendu quelqu'un crier : « Mama ! Mama ! » Chava était venue à notre rencontre. Grâce à un ami à elle, M. Hershman, elle avait reçu l'autorisation de venir sur le quai. Nous avons versé beaucoup de larmes, mais des larmes de joie. Nous étions à nouveau réunies, et nous pouvions enfin tenir la petite Goldie dans nos bras. Elle avait quatre mois et était le premier petit-enfant de notre famille. Nous vivions chez Chava, et elle faisait tout pour que nous nous sentions comme chez nous.

La vie à Montréal n'était pas facile pour les immigrants à l'époque. Nous sommes arrivés dans ce nouveau pays sans un sou, sans connaître un mot d'anglais, ni les coutumes locales. J'étais plus chanceuse que d'autres parce que je parlais français, et que certains amis et membres de notre famille étaient déjà sur place. Nochem vivait avec ses parents à Toronto et nous nous voyions souvent. J'ai trouvé un travail dans un grand magasin français du Vieux Montréal, où je m'occupais des sacs à main et des gants. On m'appelait « La Parisienne » parce que le français que j'avais appris à Paris était différent du français de Montréal. J'aimais beaucoup travailler là-bas car cela me donnait l'occasion de rencontrer des gens et de discuter avec eux. Le vendredi après-midi, des adolescentes venaient directement de l'école pour regarder nos sacs à main et essayer nos gants. Le soir, les femmes qui sortaient du travail s'arrêtaient à mon rayon pour essayer des écharpes et regarder d'autres articles. Le magasin se trouvait dans un quartier ouvrier et certains clients pouvaient uniquement se permettre de regarder la marchandise. Les femmes discutaient souvent avec moi parce qu'elles adoraient ma façon de parler français, et j'aimais moi aussi discuter avec elle, même si j'ai mis du temps à comprendre leur accent. Mon salaire étant très bas, j'ai vite commencé à chercher un travail mieux rémunéré. Je suis allée travailler dans une usine qui fabriquait des vêtements pour enfants, et ce jusqu'à ce que j'épouse Nochem le 8 mars 1952.

Nous avons organisé plusieurs fêtes pour notre mariage. Celle que j'ai préférée a eu lieu chez nous. Les parents de Nochem sont venus de Toronto et tous nos amis se sont joints à nous. C'était une fête très joyeuse où tout le monde buvait, mangeait, chantait et s'amusait. Peu après, nous sommes partis pour Toronto. Je n'aimais pas Toronto les premiers temps. Ma famille me manquait beaucoup et la ville me semblait terne par rapport à Montréal, qui était si animée. Je parlais français et pouvais donc communiquer avec tout le monde à Montréal. J'avais des amis là-bas. Mais à Toronto, j'ai dû apprendre une nouvelle langue. Je ne connaissais personne. Les petites maisons avec leurs jardins me faisaient penser à une petite ville. Le dimanche soir, tout était fermé : pas de restaurant, pas de cinéma, pas de théâtre. J'ai commencé à travailler à l'usine Tip Top

Tailors. J'avais des journées chargées, mais je trouvais les soirées longues car mon mari Nochem travaillait tard le soir et ma famille me manquait terriblement. Mais progressivement, je me suis intégrée au groupe bundiste de Toronto. Les gens y étaient très chaleureux, nous invitaient à venir chez eux et à entrer dans leur vie. Ma famille venait souvent me rendre visite, surtout ma mère, qui avait de vieux amis de Lodz à Toronto. Elle restait chez nous assez longtemps, et c'était toujours une grande joie pour nous.

La naissance de nos enfants Adele et Avrom a été l'un des plus beaux moments de ma vie. Je ne travaillais plus et j'adorais être mère. Lorsque ma fille Adele a eu un an, nous avons acheté notre première maison au 261 Glenholme Avenue. Mon fils Avrom est né là-bas. Nous adorions tous cette maison. Nous étions heureux, car nous avions notre propre maison et avions enfin des racines dans notre nouveau pays et à Toronto, que j'aimais de plus en plus. Et par-dessus tout, nous avions nos enfants avec nous. Ils étaient un petit miracle à mes yeux. Nous avons passé de nombreux étés dans les montagnes des Laurentides près de Montréal. Ma mère était encore en vie. Elle vivait avec Chava, et nous passions nos étés tous ensemble. Mon mari Nochem venait passer quelques semaines avec nous pendant ses vacances et je restais tout l'été.

J'ai recommencé à enseigner lorsque mon fils Avrom est entré au jardin d'enfants. J'ai commencé par donner des cours à l'école Peretz du Cercle amical, puis à la Bialik Hebrew Day School, toutes deux à Toronto. Mes journées s'écoulaient agréablement au rythme de mon travail et de l'éducation de mes enfants. Je trouvais mes enfants exceptionnellement beaux et je suis très fière de les voir devenir le genre de personnes qu'ils sont.

Ce sont les fragments de ma vie.

GLOSSAIRE

Aktion (pl. Aktionen) : [allemand : action] le rassemblement et la déportation d'individus ou de groupes ciblés, le plus souvent en vue d'un massacre collectif.

Auschwitz : nom allemand d'Oswiecim, ville du sud de la Pologne, à environ 37 km de Cracovie. Il désigne également le plus grand complexe de camps de concentration des nazis, établi à proximité. Le complexe d'Auschwitz comprenait trois camps principaux : Auschwitz I, un camp de travail forcé construit en mai 1940 ; Auschwitz-Birkenau, un camp de la mort construit début 1942 ; et Auschwitz-Monowitz, un camp de travail forcé construit en octobre 1942. En 1941, Auschwitz servait de site test pour les massacres collectifs à l'aide du gaz mortel Zyklon B. Le complexe d'Auschwitz a été libéré par l'armée soviétique en janvier 1945.

Baluty : à l'origine une ville à la périphérie nord de Lodz où de nombreux Juifs se sont installés en raison de mesures restrictives sur leur lieu de résidence ; Baluty est ensuite devenu un quartier ouvrier juif fortement peuplé intégré à la ville de Lodz ; c'est à Baluty que se trouvait le Ghetto de Lodz.

Bergen-Belsen : camp de concentration établi en 1940 près de Celle, en Allemagne, au départ pour les prisonniers de guerre. Après 1943, le camp détenait des Juifs qui servaient de « monnaie d'échange » : l'Allemagne espérait pouvoir les utiliser dans le cadre des négociations de paix avec les Alliés. Après 1944, le camp détenait des travailleurs et des malades que les Nazis laissaient mourir à petit feu. Vers la fin de la guerre, les prisonniers des camps situés à proximité des premières lignes ont été conduits jusqu'à ce camp, essentiellement lors de marches forcées ou « marches de la mort ». Les forces britanniques ont libéré le camp le 15 avril 1945.

Bund : l'*Algemeyner Yidisher Arbeter Bund in Lite, Poyln, un Rusland*, ou l'Alliance des travailleurs juifs en Lituanie, Pologne et Russie. Fondé en 1897 à Vilna, le Bund était un mouvement révolutionnaire social-démocrate qui défendait les droits du travailleur juif yiddishophone, réclamait l'autonomie nationale culturelle et œuvrait en faveur de la langue yiddish et de la culture ancestrale yiddish. Dans la Pologne d'entre-deux-guerres, le Bund représentait l'un des nombreux partis politiques juifs, avec des écoles, des mouvements de jeunesse et des clubs de sports affiliés.

Cercle amical de secours mutuel : en yiddish, *Arbeter Ring* ; Association Bundiste d'entraide créée dans les villes extérieures à la Pologne et la Russie où vivaient des personnes affiliés au Bund, telles Paris, Londres et New York.

Chelmno : le premier camp de la mort, établi le 8 décembre 1941, situé à 60 km de Lodz. De janvier 1942 à mars 1943, des Juifs du Ghetto de Lodz ont été déportés vers ce camp. Les déportations ont recommencé en juin 1944 pour faciliter la liquidation du Ghetto de Lodz. Les victimes étaient tuées dans des camions dont les gaz d'échappement étaient diffusés à l'intérieur.

Dachau : le premier camp de concentration établi dans l'Allemagne nazie en mars 1933 dans la partie nord de la ville de Dachau ; utilisé à l'origine pour les prisonniers politiques, y compris les opposants politiques, les communistes, les sociaux-démocrates et les syndicalistes, ainsi que les témoins de Jéhovah et les Roms. Le nombre de Juifs internés à Dachau a considérablement augmenté après la Kristallnacht du 10 novembre 1938. Le camp servait aussi de centre de formation pour les gardes SS. En 1942, la zone du crématorium a été construite à proximité du camp principal. Au printemps 1945, Dachau et ses camps annexes détenaient plus de 67 665 prisonniers enregistrés, 43 350 classés comme prisonniers politiques et 22 100 comme Juifs. Lorsque les Alliés américains ont approché du camp en avril 1945, les Nazis ont forcé 7 000 prisonniers, dont la plupart étaient des Juifs, à entreprendre une horrible marche de la mort jusqu'à Tegernsee, un autre camp du Sud de l'Allemagne.

ghetto : une zone d'habitation confinée pour les Juifs. Le terme trouve son origine à Venise, en 1516, avec une loi qui imposait à tous les Juifs de vivre sur une île isolée du reste du monde appelée Ghetto Nuovo. Tout au long du Moyen-Âge en Europe, les Juifs étaient souvent enfermés de force dans des quartiers juifs clôturés. Pendant l'Holocauste, les Nazis forçaient les Juifs à vivre les uns sur les autres dans des conditions sanitaires déplorables au sein d'un quartier délabré d'une ville. La plupart des ghettos étaient entourés de murs de brique ou de clôtures en bois surmontées de fils de fer barbelés. Le plus grand ghetto de Pologne, sous l'occupation allemande, était le Ghetto de Varsovie ; le Ghetto de Lodz venait juste après.

Ghetto de Lodz : zone restreinte pour les Juifs dans le quartier de Baluty de la ville polonaise Lodz ; deuxième plus grand ghetto d'Europe de l'Est occupé par les Allemands après le Ghetto de Varsovie. Le ghetto a été établi le 1er mai 1940, renfermant plus de 160 000 Juifs. Conçu au départ pour servir de bref point de transit avant la déportation des Juifs de Lodz, sa structure organisationnelle a servi de modèle pour la création d'autres ghettos. Il s'agissait du seul ghetto dans lequel la contrebande était impossible car il était hermétiquement fermé. La plupart des habitants du ghetto effectuaient des travaux forcés dans des usines, essentiellement dans l'industrie textile. La liquidation du Ghetto de Lodz a commencé en été 1944 avec la déportation d'un grand nombre de ses habitants vers Chelmno ou Auschwitz. Les rares personnes qui n'ont pas été déportées ont été libérées par l'Armée Rouge soviétique en janvier 1945. Parmi tous les ghettos d'Europe de l'Est, celui de Lodz est celui qui a duré le plus longtemps.

Litzmannstadt : nom allemand désignant la ville de Lodz, en hommage au général allemand Karl Litzmann qui a capturé la ville pendant la Première Guerre mondiale. L'annexion de la ville en novembre 1939 avait pour but d'en faire une ville dominée par les Allemands en déportant ses habitants juifs et en diminuant graduellement sa population polonaise.

Medem, Vladimir : (1879-1923) célèbre leader bundiste. Né de parents russes/juifs assimilés à Minsk et baptisé à sa naissance par l'Église orthodoxe grecque, Medem a développé un sens de sa judéité lors de ses études à l'Université de Kiev en 1897, où il a été exposé au Marxisme et où il s'est familiarisé avec le Bund. Expulsé de l'université en 1899 en raison de ses activités politiques, il a rejoint le Bund. Arrêté plusieurs fois par les autorités tsaristes, il a résidé à Varsovie de 1915 à 1920, rejoignant le comité central du Bund.

Mengele, Josef (1911-1979) : Médecin SS. Nommé responsable de la garnison d'Auschwitz en 1943, il avait la responsabilité de désigner à leur arrivée ceux des prisonniers qui étaient aptes aux travaux forcés et ceux qui seraient tués en chambre à gaz immédiatement. Il s'est livré à des expériences sadiques sur les prisonniers juifs et tsiganes.

Morgenshtern : club de sport affilié au Bund établi officiellement en 1926, promouvant l'éducation physique pour les travailleurs juifs et leurs enfants, notamment grâce à des activités collectives comme la gymnastique, la randonnée et le cyclisme – plutôt que des sports de compétition mettant l'accent sur les résultats individuels. En 1937, la branche du Morgenshtern à Varsovie comptait 1 500 membres actifs, constituant ainsi la plus grande organisation sportive au niveau local en Pologne.

Peyes : [yiddish ; *Peyot* en hébreu] papillotes. Dans certaines communautés juives orthodoxes, les mâles ne se coupent pas les cheveux de chaque côté du visage, laissant des mèches bouclées caractéristiques devant les oreilles. Cette pratique repose sur une interprétation stricte du verset biblique « Tu ne couperas point en rond les coins de ta chevelure et tu ne raseras point les coins de ta barbe » (Lévitique 19:27).

Rumkowski, (Mordekhe) Chaim : (1877-1944) administrateur en chef du Ghetto de Lodz, désigné par les autorités allemandes comme chef du *Judenrat*, ou Conseil juif, responsable de toutes les institutions publiques juives dans le ghetto ainsi que de la police juive. Il a rempli cette fonction de la création du ghetto jusqu'à sa liquidation à l'été 1944, où il a été lui-même déporté et tué à Auschwitz.

Sionisme : mouvement national juif prônant la création d'une terre nationale pour les Juifs en Israël afin de résoudre le problème de la persécution des Juifs en Europe. Les Sionistes défendait l'hébreu comme langue nationale juive. Dans la Pologne d'entre-deux-guerres, le

Sionisme représentait l'un des nombreux partis politiques juifs, avec des écoles et des mouvements de la jeunesse affiliés.

SKIF : [yiddish ; acronyme de *Sotsyalistisher kinder farbund*, ou Union des enfants socialistes] organisation de l'enfance gérée par des Bundistes dans la Pologne de l'entre-deux-guerres, proposant des activités sportives extrascolaires et des conférences pédagogiques.

SS : [abréviation de « Schutzstaffel », ou corps de défense] organisation para-militaire organisée par Hitler en 1925 pour assurer sa protection et celle d'autres leaders du parti nazi. Placés sous la direction de Heinrich Himmler, les SS sont devenus un corps d'élite dont les membres étaient sélectionnés en fonction de critères raciaux. Le nombre d'adhérents SS est passé de 280 en 1929 à 50 000 lorsque les Nazis sont arrivés au pouvoir en 1933, pour atteindre 250 000 à l'aube de la Seconde Guerre mondiale. À partir de 1934, les SS ont assumé la plupart des fonctions de police, y compris celles de la Gestapo, la police d'état secrète. Les SS géraient les camps de concentration, persécutaient les Juifs et supprimaient les opposants politiques en ayant recours à une stratégie de terreur.

INDEX

La Fondation Azrieli

La Fondation Azrieli a été créée en 1989 pour concrétiser et poursuivre la vision philanthropique de David J. Azrieli, C.M., C.Q., MArch. La Fondation apporte son soutien à de nombreuses initiatives dans le domaine de l'éducation et de la recherche. La Fondation Azrieli prend une part active dans des programmes du domaine des études juives, des études d'architecture, de la recherche scientifique et médicale et dans les études artistiques. Parmi les initiatives reconnues de la Fondation figurent le programme de publication des mémoires de survivants de l'Holocauste, qui recueille, archive et publie les mémoires de survivants canadiens, l'*Azrieli Institute for Educational Empowerment*, un programme innovant qui apporte un soutien aux adolescents à risques et les aide à rester en milieu scolaire, ainsi que l'*Azrieli Fellows Program*, un programme de bourses d'excellence pour les second et troisième cycles des universités israéliennes. L'ensemble des programmes de la Fondation sont présentement mis en œuvre au Canada, en Israël et aux États-Unis.

Le Centre d'études juives de l'Université York

L'Université York a créé en 1989 le premier centre de recherche interdisciplinaire en études juives au Canada. Au fil des ans, le Centre d'études juives de l'Université York (CJS) a obtenu une reconnaissance nationale et internationale pour son approche dynamique de l'enseignement et de la recherche. Tout en fournissant un enseignement en profondeur de la culture juive et des études classiques, le Centre développe une approche résolument moderne et un intérêt marqué pour l'étude de la réalité juive canadienne.

L'Université York est un pionnier au Canada dans l'étude de l'Holocauste. Le Centre démontre son engagement à l'étude de l'Holocauste par la recherche, l'enseignement et l'engagement communautaire de ses professeurs.